買った株が急落してます！売った方がいいですか？

株で利益を出す人の考え方

椿井駿介　つばめ投資顧問代表

ダイヤモンド社

買った株が急落してます！
売った方がいいですか？

目次

目次

この物語はフィクションであり、実在の人物・団体とは一切関係ありません。

登場人物より「株式投資について一言」

■波野衿人《なみのえりと》——四谷物産の中堅社員、海外赴任中に蓄えた貯金で株式投資を開始。

「今は含み損ですが、400万円減ってます。これから戻ると思うんですけど」

■忌部《いんべ》あかり——ひばり投資診療所所長。

「投資っていうのは、上がる可能性に賭けるゲームなんだよ。それなのに、ちまちま小銭を稼いでいる奴が、金持ちになれると思うか？」

■万賀朝日《まんがあさひ》——ひばり投資診療所副所長。

「個人投資家は機関投資家と違って自由です！投資リテラシーさえ身につければ、インデックスを上回ることは難しくありません」

■ゴッド——投資系YouTuber「ゴッドの投資塾」チャンネル登録者数80万人

「まだ買ってない人、2倍になったからって怖気づいてちゃいけないよ。まだまだこれから何倍にもなる銘柄だからね☆」

第1話

買った株が急落してます。売った方がいいですか？

「ひばり投資診療所……？」

ふと顔を上げると、視界にそんな看板が飛び込んできた。ここは病院なのか？　それとも投資セミナー屋？

そんなことはどうでもいい。しばらく呆然としていたようだ。営業先から会社にも帰らず、吉祥寺《きちじょうじ》で降りて井《い》の頭《かしら》公園をフラフラするなんて、まるで典型的なダメリーマンじゃないか。

いや、今の俺はそんなダメリーマン、ダメ投資家そのものだ。これまでの人生でこんなに打ちのめされたことはない。まさか、たった2週間で400万円も損してしまうなんて。妻と娘にどんな言い訳をしたらいいんだ……。

メンタルがやられている。こんな時は会社の産業医に相談すべきだと、先日課長昇進研修で教えられた。しかし、今俺の眼前にあるのは、「投資」診療所という聞いたこともない診療科だ。白壁のところどころが剥がれ、配管は錆びつき、廃墟のような寂しさを漂わせている。

でも、今の自分にとって、これ以上にふさわしい病院もないのも確かだ。何よりマイナス400万円の苦しみから解放されたい。

「こんにちは……」

中を見渡してみたが、医者も患者も見当たらない。ドアは開いていたから、今は昼休みなのか、それともやっぱりただの廃墟なのか。

壁には「過去100年のダウ平均株価と日経平均株価」と書かれたチャートのポスターが掲げられている。100年という長さは初めて見たが、今はチャートを見ただけで吐き気がする。

帰ろう。ここにいても、メンタルが悪化するだけだ。そう踵《きびす》を返した瞬間、扉が開き誰かが入ってきた。

白衣を着て眼鏡をかけた、30代半ばと思われる、いかにも「美人女医」という感じの女性だ。

「おや、あんた患者?」

「はい、まあ一応」

「うちは完全予約制なんだけど、まあ暇だからよかったら中で話聞くよ。入口でそんな辛気臭い顔されちゃ、ただでさえ閑古鳥が鳴いてるってのに、いよいよホラースポットになっちまう」

初対面にしては、かなり口が悪い。

「すみません、近くを歩いていたら見かけたもので。『投資診療所』って、ファイナンシャルプランナーみたいな感じですか？」

「ファイナンシャルプランナーねぇ。まあ私らは保険とか売ったりしないから、そのへんは安心しな。ほら、プライバシー守りたかったら、中入って」

答えになっているのか、なっていないのか。追い立てるように案内されて横開きの扉を入ると、病院の診察室そのものだ。おそらく、内科か何かの居抜きだろう。診療所のベッドもそのまま置いてあるので、ついついよからぬ想像をしてしまいそうになる。

「まず、あんたの名前と年齢」

パソコンのあるデスクに座った女医が話しかける。

「波野《なみの》衿人《えりと》、38歳です」

「職業は？」

「会社員で総合商社の営業です」

「年収は？」

ガツガツ聞いてくるな……まあ投資だから必要な情報か。

「１０００万円をちょい超えたくらいです」

年収を聞かれるのは誇らしい。もしかしたら、これが人生で最も誇らしい瞬間かもしれない。

「ふ〜ん。で、金融資産額は？」

流された。これが合コンだったら女の子は絶対放っておかないところだぞ。ちくしょう。

それに、資産額は今一番聞かれたくない質問だ。

「実は俺、少し前まで海外勤務していて、海外手当やら円安で貯金が増えて、気がついたら１０００万円になってました。そのお金で株を買って、最初はよかったんですが」

「ですが？」

「それが、買った株が大きく下がって今は含み損ですが、４００万円減ってます。これから戻ると思うんですけど」

「戻ると思う？　その根拠は？」

「ええと、ＳＮＳでもみんな良いって言ってますし、それに前にそうやって投資したら結局上がったんですよ。だから今回も大丈夫だろうって……」

「あんた一体何年生きてんの？　そんな甘っちょろい考えで儲けられるなんてよく思った

わね」

胸がズキンとした。返す言葉が見つからない。顔が紅潮し、汗が噴き出した。ここにいることが恥ずかしく、気が付いたら椅子から勢いよく立ちあがっていた。

「す、すみません！　出直してきます!!」

俺は逃げるように立ち上がって部屋を出た。ここまで何も言い返せなかったのは、高校のラグビー部の試合で顧問に怒られて以来記憶にない。営業カバンを胸に抱え、女医の顔も見ずに一目散に診療所を飛び出した。

井の頭公園駅方面に向かう交差点で信号に捕まり、ふと我に返る。そう言えば、お金を払っていない。いくら厳しいカウンセリングだったとは言え、サービスを受けたことは確かだ。このまま逃げ出したら、泥棒と一緒じゃないか。クソッ……。

小走りで診療所に戻ったが、女医の姿は見当たらない。代わりに受付台の中に、容姿端麗で優しそうな、俺とは違ったタイプの、仕事ができそうな男性がいた。年齢は自分と同じくらいだろうか。

「すみません、先ほどは……」

「よく戻ってきてくださりました。ほとんどの人は心が折れてしまうのに、あなたはそうならなかった。実に素晴らしい！　さあ、こちらへどうぞ。忌部《いんべ》先生、お願いします」

正直、もう二度と戻りたくはなかった。お金だけ払ってここを去るつもりだったが、男性の晴れ晴れとした笑顔とどこか特別なオーラに、男の自分でもトロンとしてしまいそうだった。言われるがままに診察室に戻る。

忌部と呼ばれた女医がパソコンと向き合っていた。株価チャートを見ているようだった。

「あんたが含み損を抱えてる銘柄って、これじゃない？」

パソコンの画面には「トリリオンバイオ」という企業名と、マッターホルンの山頂のような株価チャートが表示されていた。今最も見たくない形だ。

「そ、そうです！　何でわかるんですか？」

「ど素人が引っかかる銘柄なんて、だいたい決まってるのよ。特にこの銘柄は、目下SNSで急速に拡散されてる。あんたみたいな人が大勢引っかかるのよ」

「つまり、俺は騙されたというわけですか？」

「はぁ!?　騙されたぁ？　ふざけないで。だいたいあんた、この株で儲けようと思ってヨダレ垂らしながら買ったんでしょ？　自業自得、自己責任。悪いのは全面的にあ・ん・た！」

「波野さん、最初はみんなそうです。忌部も、波野さんみたいな人を助けたくて、診療所を始めたんですよ」

「……」

「……」

「波野さん、あなたはとても運が良い！　ここは投資がうまくなれるかどうかの、最初にして最大の分岐点です。あなたの努力次第で、きっと良い方向に進んで行けます。未来への明るい扉を開きましょう」

不思議な男性だ。この人のことを聞いていると、本当にすべてがうまくいきそうな気がする。

「……俺はどうしたらいいでしょうか？」

「波野さんは、なぜトリリオンバイオを買おうと思ったんですか？」

「それは、Xでみんなが良いって言ってて、有名なインフルエンサーの人も『今買わなきゃいつ買う』って煽《あお》ってて。最近、ここがアメリカの大手製薬企業と技術提携したって話を見ました。もしそれがうまく行けば、この株は何十倍にも化けると思ったんです」

「なるほど、とてもよくわかります。やはり誰だって夢は見たくなるものですよね。楽観的な性格は、投資ではとても大切です。きっと今のキャリアもそうやって築いてきたんじゃないですか」

そう言われると誇らしかった。そう、この楽観的な性格があったからこそ、今の会社に入れて、うまくやってきたんだ。

「で、あんたはその提携がうまくいって大成功する確率とか考えたのか？」

忌部が痛いところをついてくる。

「それは考えたこともありませんでした」

「はぁ〜」

忌部が大きなため息をつく。どうやら俺にあきれ果てているようだ。

「いいか、ここからは数字の話だ。新薬が承認される確率は、『千三《せんみつ》』と言われる。1000回に3回。リアルな数字ではもっと低い3万分の1だ。お前はそれに賭けるのか？」

「でも、『投資は長期で』って言うじゃないですか。トリリオンバイオも、持ち続けていれば上がってくるのでは？　現に、この前まで1万円あったんだから、またすぐそのくらいには戻ってもおかしくないはず……」

「お前はトリリオンバイオの何を知っている？」

忌部に言われて俺は我に返った。創薬の成功確率だって知らなかったのに、「株価はまた上がる」と根拠のない期待をかけている。部下や後輩に「信じられるのは数字だけ」と言っているのは俺自身じゃないか。

忌部は俺が発言するのをじっと待っている。

「じゃあ何でこの株は上がってたんですか？　今年に入ってから、2・5倍になってたじゃないですか。アメリカの製薬企業との提携も、新薬の成功確率が低いことは賢い人ならわかってたはず」

トリリオンバイオは、昨年末4000円前後で取引され、それが4月には1万円を超えた。俺はそこで買ったのだが、そこから急激に下がりだした。「ストップ安*」という単語もそこで初めて知り、気がついたら株価は6000円にまで下がっていた。

俺はまた戻るだろうと思って売るに売れず、むしろここで「ナンピン買い**」すべきかどうか悩んでいたのだ。

「あんたみたいな馬鹿が大勢いるからだよ。誰かが煽って、馬鹿がそれに飛びつく。煽ったやつにとっては、飛びついた馬鹿に売り抜けたら、一丁上がりさ」

「でも、新聞や証券会社のレポートでも、トリリオンバイオは素晴らしいって取り上げられていましたよ！　あれも煽りだって言うんですか⁉」

「それが株の面白いところだよ。株価が急に上がると、『何かがあるんじゃないか』って真面目に考えるヤツがいる。それがさらに信憑性を高めて、さらに馬鹿を引き寄せてさらに上がるってことになるんだよ。よくできた煽りは、巧妙に真実が混じるしな」

「馬鹿」という言葉に、思わず言葉を失う。俺はエリートだぞ。それなのに、この世界では馬鹿だというのか。

「波野さん、安心してください！　株の世界では、どんな人でも『馬鹿』になりうるんです。万有引力の法則を見つけ出したニュートンも、同じように株で失敗して今の金額で4億円を失っているんですよ」

「え、あのニュートンがですか⁉」

「そうです。だから、失敗しても自分を卑下《ひげ》する必要はないんです。むしろ4億円負けなくてよかったと思わないと」

「でもそうなると、ますます怖くなってきました。やっぱり株はギャンブルってことにな

＊　ストップ安：株式市場における一日の値動きの下限。株価急落を防ぐための仕組み。
＊＊　ナンピン買い：値下がりした保有株をさらに買い、平均取得価額を下げること。

りますよね？」

「確かに、目先の株価を考えると株はギャンブルです。だから昔はオカルト的な手法で投資するのが主流だったんですが、そこに一石を投じたのが、ベンジャミン・グレアム。あのウォーレン・バフェットの師匠です」

「バフェット！　俺も憧れています‼　でもどんな投資をしているか、実はよく知らないんです」

「グレアムは、企業の『価値』に基づく株式取引を『投資』と定義し、それ以外を『投機』すなわちギャンブルだとしました。そして、ＰＥＲやＰＢＲ*など、定量的に価値を判断する手法を広めたのです」

「ＰＥＲ……聞いたことはありますが、今一つわかっていませんでした」

「ＰＥＲは『株価が利益の何倍になるか』を表すもので、数字的に株式を評価しようという考え方です。今では投資家として最低限押さえておかなければいけない指標になっています。平均的なＰＥＲは10～25倍程度となり、これより高いと、割高感があるとも言われます」

「トリリオンバイオはどのくらいなんですか？」

「そうですね、トリリオンバイオが赤字であることは知っていましたか？」

「確か、そうでしたね」

「ＰＥＲは株価を１株当たり利益で割ったものなので、赤字のトリリオンバイオのＰＥＲは、『計測不能』ということになるんですよ。つまり、目先の業績で言えば、計算できないほど『割高』と言えます」

「そんな……つまり、じゃあこれから上がるのは厳しいということですか？」

「断言はできませんが、合理的には説明しづらい株価水準になっています」

頭の中がぐるぐるしている。確かに、忌部や男性の言っていることは正しそうだ。唯一の救いは、ニュートンでも同じ間違いを犯したということくらいか。これから一体どうしたものだろうか。

「トリリオンバイオは売った方がいいでしょうか？」

「それは自分で決めんだよ。てめぇのことだろ」

「そうですよね……わかりました。もうちょっと株価が戻ったら売ろうと思います」

＊　ＰＢＲ：株価純資産倍率。企業の１株当たりの純資産（簿価）に対し、現在の株価が何倍になるかを示した数値。高いほど割高とされる。

「だ・か・ら、それが甘いんだよ」

「え……!?」

「『戻ったら』なんて言ってるやつは、いつまで経ってもうまくならねぇよ。ダメだと思ったら即売り。これが最初にやるべきことだ」

「で、でも、まだ買う人が出てきて買われるかもしれないじゃないですか。ＳＮＳでも『押し目買いだ』って言ってる人も多いみたいですし」

「株価じゃない。これはお前の問題だ。はっきり言うぞ、損切りができないやつは、株でうまくなることはない。それは自分の失敗を認められないってことだからな」

「自分の失敗、いや、俺が失敗なんて……」

言いかけたところで頭をハンマーで殴られた気がした。もちろん、物理的に殴られたわけではない。しかし、俺の前頭葉にはそのくらいの衝撃があった。

「……俺、失敗していたんですね。わかりました。まだもやもやしていますが、トリリオンバイオは今すぐ売ろうと思います」

「バフェットも『誰がカモかわからない人は、自分がカモだ』と言っています。わからない時は、ゲームから降りるのも大事な選択です」

胸につかえていた何かが下りた気がした。負けを認める。これがこんなにも難しく、意味のあることだとは思わなかった。

俺はこれまでの人生、負けを認めたら終わりだと思っていた。ラグビーでも、ノーサイドになるまで勝ちを諦めないことが大切だと教えられた。顧問に叱られたのも、途中で諦めてしまったからだ。しかし、今は負けを認められなくて叱られているのだ。

自分の人生観が大きくひっくり返った気がした。

「今日はたくさん勉強させてもらいました。お支払いは、待合室で待っていればいいですか？」

「いらねぇよ」

「え？」

「まだ損してんだろ？　診察は始まったばかりなんだよ。いいか、次の診察までに、自分で選んだ銘柄を買ってこい。どんな銘柄でも構わねぇ。ただし、人に聞くんじゃねぇぞ」

スパルタにも程がある。こっちは傷心で、今投資なんて気分になれないところだ。それに、またここに来て何か言われるのも怖い。

「選んでくるだけはどうですか？」

「ダメだ。身銭切って買わなきゃ何の意味もねぇ。もちろん、無理のない金額でな。でも間違っても、金を借りたり、信用取引*なんかは絶対にするんじゃねぇぞ」

信用取引。聞いたことはあるが、まだよくわかっていない。とにかく現物《げんぶつ》を買えってことか。

「わかりました。では近いうちにまた来ます」

　男性の方を向いて言う。

「お待ちしています！　あ、申し遅れました。私、万《まん》賀《が》朝《あさ》日《ひ》と言います。ここの副所長を務めています。こちらは所長の忌部あかりです」

「あかりさん、って言うんですね。素敵な名前です。漢字はどう書くんですか？」

「あ？　そんなことどうでもいいだろ」

「す、すみません」

　日中は5月にしては暑い日だったが、すでに涼しい空気が漂い始めていた。井の頭公園の新緑が風に揺らぎ、少し自分の心を癒やすようだった。しかし、損失がなくなったわけではなく、次回の宿題となってしまった銘柄に関しては何のヒントも得られていない。

　ベンチに座り、ただ池のスワンボートを眺めるばかりだった。

＊　信用取引：証券会社に担保を預けることで、自分の手元資金以上の資金を利用して売買を行える取引手法のこと。いわば借金をして取引を行うこと。

解説

1 なぜ損切りがこれほど難しいのか？

読者の皆様、こんにちは。この本の著者の栫井駿介《かこいしゅんすけ》と申します。

私が代表を務める「つばめ投資顧問」は、個人投資家を育成しています。長期投資を楽しみながら実践することを目指して活動しています。この本は、お客様である個人投資家の皆様からよく寄せられる質問をもとに構成しました。

投資関連の本では「成功者」のエピソードや、「専門家」の難しい話が語られることが多くありますが、実際にはこの本の主人公である波野のように「何となく投資に取り組んでみた」という方が圧倒的に多いのではないでしょうか。

個人投資家の何気ない悩みに対する答えは、探してもなかなか見つからないものです。そんな「等身大の悩み」にお答えしたいと考えたのがこの本の出発点になっています。

投資って難しいけど、少し踏み込んでやってみると実は結構面白い――そんなことを感じながら読んでもらえると著者冥利に尽きます。最後まで読んでもらえると嬉しいです。

下がっている株を売るべきか？

この話は、波野がいきなり投資で大損するところから始まります。これだけ損を出したら、多くの人が投資をやめてしまうのではないでしょうか。波野も、診療所に出会わなければ後悔の念に苛《さいな》まれたまま投資から遠ざかっていたかもしれません。

しかし、投資は失敗してからが本番です。私自身も投資に身が入り始めたのは、手痛い失敗を経験してからです。現に私たちのところには「なかなかうまくいかないから、本格的に勉強してみたい」という方がたくさんいらっしゃいます。

そのような方の最初のハードルとなるのが「損切り」です。多くの方が、株価が下がっている銘柄を売却せずに「またどこかで上がるのではないか」という淡い期待を持って保有を続けています。その様子は、具体的な何かに期待しているというより、何となく風向きが変わるのではないかという「神頼み」に近い状況です。

こうなってしまうと、投資はまさに運を天に任せた「ギャンブル」となります。ギャンブルそのものを否定するわけではありませんが、そのままでは投資がうまくなる可能性はほとんどありません。

一時期、私のところに多く寄せられた相談に、ユーグレナ（証券コード：２９３１）に関するものがあります。「ミドリムシ」から作られた食品や再生燃料でメディアを賑わせた企業です。

企業の理念としては素晴らしいのですが、ビジネスとしては優位性を築くことが難しかったようで、２０１７年9月期に最高益を記録してからは6期連続の赤字が継続しています。株価はそこから現在に至るまで半分以下になってしまいました。

ユーグレナの株価推移

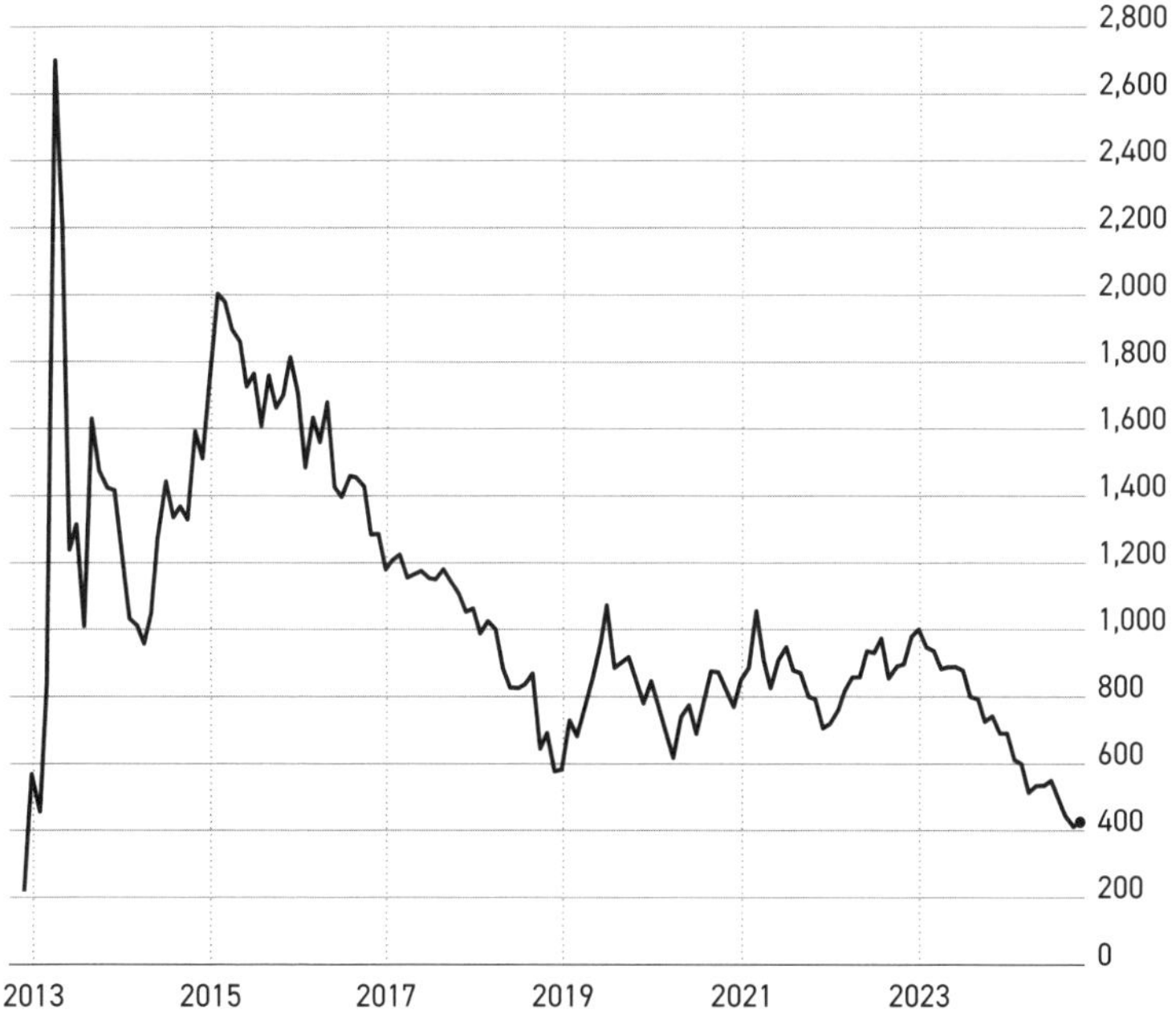

出所:TradingView

どの企業、どんなビジネスがうまくいくか、投資を長く続けていても正確に判断することは難しいものです。しかしながら、ユーグレナのケースでは、さすがにここまで赤字が続いていると「何かが間違っていた」と判断する必要があります。

ちなみに、ユーグレナのような新規性の高い企業やバイオ医療系の企業は、人々の夢を誘いやすいのか、異常に割高な水準まで株価が釣り上がることも珍しくありません。そして株価が上がれば上がるほど、多くの投資家を引き付け、高値づかみする初心者を生み出すことになります。

ユーグレナの今後の行く末を正確に見通すことは容易ではありません。しかし、最高益を出した時点で「このまま業績が伸び続けるだろう」と判断して買っていたとしたら、当時のあなたの判断は間違っていたことになります。

投資が本当に上手い人は、自分の間違いを認めることに躊躇《ちゅうちょ》しません。それができるからこそ、投資や自分自身に正面から向き合い、投資家として成長することができるのです。

損切りを提案されたお客様も「言ってもらえてよかった」と、すっきりされるようです。もしあなたがモヤモヤしているようなら、思い切って売ってみてはいかがでしょうか。一旦リセットすることで、冷静に自分と投資対象を見つめ直すことができるはずです。

美人投票とSNS

株式投資でとても重要なこととして、ケインズの「美人投票」の話があります。美人投票とはミスコンのようなもので、投票で1位になる人を当てるゲームです。そこでは本当に美人かどうかよりも、他の参加者がどのように行動するかを読むことが重要になります。

この考え方が記載されたケインズの代表作『雇用、利子および貨幣の一般理論』の出版から間もなく90年が経ちますが、その考え方は色褪せるどころか一層重要性を増しているように感じます。

玄人筋の投資は新聞紙上の美人コンテスト、参加者は一〇〇枚の写真の中から最も美しい顔かたちの六人を選び出すことを要求され、参加者全員の平均的な選好に最も近い選択をした人に賞品が与えられるという趣向のコンテストになぞらえてみることもできよう。このようなコンテストでは、それぞれの参加者は自分がいちばん美しいと思う顔を選ぶのではなく、他の参加者の心を最も捉えそうだと思われる顔を選ばなければならない。

インターネットの登場により、株式投資に関する情報は巷《ちまた》に溢れるようになりました。そして、情報が多いほど、人の心は揺り動かされます。SNSが隆盛を極めてからそれはさらに加速し、虚実混じった情報があらゆる人のスマートフォンに一斉に流れ込むのです。波野がトリリオンバイオの投資に突き動かされたのも、SNSからでしたね。SNSはうまく使えばとても有益な情報を見つけられる場所で、私自身も活用している情報源です。一方で、書かれていることの真偽を見極められなければ、途端に誘惑はびこる迷宮へと姿を変えます。

その特性を利用して、「悪い人」は美人投票を自分が有利になるように進めようとします。いわゆる「煽り」ですね。昔から水面下で情報を流し株価を吊り上げる「仕手筋《してすじ》」と呼ばれる人は存在したようですが、今はそれがインターネットを通じて表に出てきている状況です。

もちろん、そんなことをしなくても「美人投票」のゲームが上手で、短期で利益を出せる人はいます。メディアで見る著名な投資家もそうかもしれません。一方で、それができるのは類まれなるセンスと、相当な努力が必要なことも間違いありません。

人の心は揺れ動きやすいものですから、美人投票で一時はトップを走っていた銘柄が、次の日には最下位になってしまう、ということも珍しくありません。常に状況を観察し続けなければならないのです。

そんな移ろいやすい「美人投票」の株式市場ですが、運よく株価が上がってくることもあります。しかし、それで「よかった」とはならずに、さらに悩みが深まるのが株式投資の難しいところです。上がった株を売るべきか、はたまた持ち続けるか、誰も教えてくれません。

もしかしたら、上がったのは偶然タイミングがよかっただけで、再び下がってしまうかもしれませんよね。そう考えると、いよいよ夜も眠れなくなってしまいます。

果たして、上がった株は売って利益確定するべきなのでしょうか。それとも、ほったらかしにしていた方が案外うまくいったりするのでしょうか？

その答えを知りたければ、このあとの第2話をぜひお読みください。

第2話

上がった株はいつ売却すべきですか？

「うあっ!!　はぁ〜、夢か」

目が覚めると汗びっしょりだった。夢の中ではスワンボートに乗ったまま、渦の中に引き込まれそうになっていた。俺はすっかり憔悴《しょうすい》していた。

昨日は夜遅くまで証券会社の取引画面とにらめっこしていた。トリリオンバイオを売るべきかどうか散々悩んだが、忌部の「それが甘い」という言葉が頭から離れず、意を決して成行《なりゆき》*で全株売却を選んだ。

東証の取引が始まるのは午前9時。時計を見るとまだ6時20分だ。取り消そうと思えば取り消せるタイミングだが、そうするとまた後戻りだ。我慢するしかない。

朝食は妻のサユリが出してくれたが、何を食べたか覚えていない。寝ている間はずいぶんうなされていたようで、家を出る時も「仕事、無理しないでね」と声をかけてくれた。しかし、今俺が悩んでいるのは仕事のことではない。なんだかとても申し訳なかった。

通勤の電車では、スマホで新聞を読む。トリリオンバイオの株が上がっている時は連日その革新性が取り上げられていたが、下がりはじめてからのこの2週間は全く音沙汰がない。新聞というのも現金なものだ。他の記事には興味が湧かず、昨夜の取引画面を思い浮かべていた。

8時40分。始業時間だ。始業から9時までの課会で、課長の俺は部下たちの今日の予定を確認し、一言アドバイスをするようにしている。しかし今日は、「頑張れよ」と声をかけるのが精一杯だった。8時55分、課会はいつもより早めに終わった。

トイレに駆け込み、証券会社の取引画面を開く。画面には売りと買い、それぞれに数字が並ぶ。「売り」の注文が増えるたびに、恐ろしくて冷や汗が止まらなくなる。

9時。取引画面、いわゆる「板」というやつの動きが賑やかになる。一体、俺のトリリオンバイオはいくらで売れるのだろうか。

すると、証券会社からのメールが届いた。タイトルには「約定通知」の文字。俺の株は売れたのだ。約定金額は、昨日の終値より120円、3%高かった。

確定損失額は380万円。これだけあれば、何回海外旅行に行けただろう。思わず天を仰ぎ、ため息をついた。

しかし、なんだか不思議な感覚だ。こんなに損をしたはずなのに、どこか清々しい。

「課長、なんかスッキリしたみたいっすね。便秘っすか?」

＊　成行：価格を指定せずに出す注文。できるだけ早く取引を成立させたい時に使用する。価格を指定する注文は「指値（さしね）」。

お調子者の部下、斉藤が声をかけて来た。便秘か、言われてみるとそんなものかもしれない。

「ああ、溜め込むのは良くないな。お前も出す時は徹底的に出せよ」

さあ、俺も気を取り直して外交だ。会社に来る時とは一転し、足取りは軽い。損はしてしまったが、挽回するしかない。こんな時に燃えなきゃ男じゃない。それに、トリリオンバイオを売った金は600万円ある。これを大事に育てるんだ。

問題はここからだ。売った金で何を買おうか。忌部は「自分で選んだ銘柄」と言っていた。とりあえずSNSに頼るのはやめにしよう。自分が好きな商品を扱っている企業がいいのだろうか……。

取引先がある四谷三丁目に着く。地下鉄の出口を出ると、ユーバーイーツの自転車が通り過ぎた。最近盛り上がってるな。でも、ユーバーは日本の会社じゃないし、このビジネスもあんまり儲かりそうにないよな。

ん？　今の配達員、ヘルメット被ってなかったか？　そうか、最近自転車のヘルメットが努力義務化されてたな。そうなると、ヘルメットが売れるようになるのか？

ヘルメットといえば、結婚するまで俺の趣味はバイクだった。バイクに乗るには、ヘルメットが必須だ。それも、命を守るものだから丈夫なほど良い。

丈夫なヘルメット会社といえば「SHOHEI《ショウヘイ》」だ。

SHOHEIが自転車のヘルメットも作っているとしたら、その安全性を期待されて売れるかもしれない。もしかしたら、これは大きな発見かもしれない。会社に戻ったら調べてみよう。

取引先では、いつも以上にプレゼンが快調で、商談はうまくまとまりそうだ。俺としてはとにかく早く会社に帰ってSHOHEIのことを調べたかっただけなんだが、単純にプレゼンは短い方が良いのかもしれない。

会社に戻るとすぐにトイレに駆け込んだ。スマホの検索ウィンドウに「SHOHEI　自転車用ヘルメット」と打ち込むと、たくさんの検索結果が返ってくる。どうやら、法改正を受けて自転車用ヘルメットにも進出したようだ。

あわせて「SHOHEI　業績」と検索してみる。トリリオンバイオでは、業績を確認することの重要性を教えられた。「株通」というサイトに辿り着き、売上高・利益ともに過去5年間右肩上がりであることを確認した。

14時35分。まだ証券取引所は開いている。

SHOHEIの株価は、現在２０３６円。１００株*だと約20万円になる。トリリオンバイオを売った金が６００万円あるから、１００万円分、５００株くらい買っても問題ないよな。

５００株、成行。早速「約定通知」のメールが届いた。このメールが、俺のサクセスストーリーのスタートになるかもしれない。

あれから1週間が経った。SHOHEIには大きな期待をしているが故に、東証が開いている9時～15時30分はスマホを手にするたびに株価をチェックしてしまう。

ちょっと下がるとSHOHEIの株式掲示板を覗《のぞ》いて、ポジティブなコメントには「そう思う」、ネガティブなコメントには「そう思わない」のボタンを押すということを繰り返していた。

さすがにフロアでスマホばかり見ているわけにもいかないので、時間がかかりそうな時はトイレに駆け込んだ。

今日の株価は、２１９６円。買ってから約8%上がっている。買った金額に対しては8万円くらいプラスということになる。損した３８０万円に比べたら小さいが、それでもそれなりの金額だ。

いや待て、やっぱりまだ上がるかも知れない。掲示板には「ガチホ**」派もたくさんいた。でも、彼らは本当に売らないのだろうか。

トリリオンバイオで学んだことは、「上がるかも」という淡い期待を抱かないことだった。SHOHEIも上がるかもと思っている間に、またズルズルと下がり出すかもしれない。

掲示板にも書いてあった「利食い千人力」。ここで売れば、利益を出してリスクから解放される。投資ではやっぱり売りこそ正義ではないか。

本当にお腹が痛くなるほど悩んだが、結局売ることにした。そうしないと、この悩みから解放されない。

成行注文を出し、約定。8万円の利益が出た。

スマホのボタンを2回押しただけで得た利益だからまさに不労所得なのだが、なんだかどっと疲れた。同じ売りでも、トリリオンバイオを売った時のような爽快感はなかった。

それに、売ってからも株価が気になって仕方がない。

＊　100株：株式の取引は基本的に「単元株」と呼ばれる100株単位で取引される。ただし、近年は1株から取引できる「単元未満株」の仕組みも充実してきた。

＊＊　ガチホ：「ガチホールド」の略。買った株を持ち続けること。

トイレから出て席に戻ろうとすると、集まって何か話していた課員がサーッと席に戻る様子が見えた。斉藤が「良い病院紹介しましょうか？」と耳打ちしてきた。

病院か……。頭には忌部の顔が浮かんだ。そう言えば、まだ次の予約をしていなかった。今回の結果報告も兼ねて行ってみよう。早速ＬＩＮＥを送ると、すぐに返信が来た。

「いつでもどうぞ！」

相変わらずあまり賑わってはいないようだ。幸い午後は外交もなかったので、課員に早退することを伝えた。帰り際に、女性課員に「お大事になさってください」と声をかけられた。


15時20分。診療所に着く。

「波野さん、お待ちしていました！　2回目はいらっしゃらない方が多いのですが、波野さんはタフですね。さあ、診察室へご案内します」

診察室では、忌部が相変わらずパソコンの画面を険しい目で見つめている。

「やっと来たか。それで、何買った？」

「はい、SHOHEIを買いました」

「SHOHEIか。あんたにしては、悪くない銘柄を選んだね」

「実は俺、バイクが趣味で、SHOHEIのヘルメットも被ってました。それで、自転車のヘルメットにも進出するって話を聞いて、これはいけるかもしれないって」

「ふーん、なるほどね。確かに自分で考えたわけか」

「それでついさっき売って、8％の利益を確定できました！　ありがとうございます‼」

「はぁ？　売った？」

「え、あ、はい。『利食い千人力』だと思ったので今がその時かなと思いまして……」

「はぁ～、お前はつくづくセンスがないな。もう帰れよ」

「ちょっと待ってくださいよ！　どういうことですか？」

「いいか、株っていうのは、たったの8％くらいで満足してちゃ絶対儲からない。『利食い千人力』なんて言葉は、単なる気休めだ」

「気休め……でも上がった時に売らないと、また下がるかもしれないじゃないですか！」

「その考え方がセンスがないって言ってるんだ。『損小利大』って知ってるか？」

「聞いたことはあります」

「損を小さくして、利益を伸ばす。これが投資で成功する秘訣だ。要するに、損してるやつはさっさと切っちまって、利益が出てるやつはとことん伸ばすんだよ。でも、凡人はこれができない。何でかわかるか？」

「すぐに売ってしまうからですか？」

「そうだ。まさに今あんたが言った『下がるかもしれない』ってのが、凡人の心理をよく表してる」

「でも、売ってしまわないと、利益は幻ですよね？」

「じゃあ逆に、もっと上がる可能性はないのか？」

「確かに、ないとは言えませんが……」

「『投資』っていうのは、上がる可能性に賭けるゲームなんだよ。それなのに、ちまちま小銭を稼いでいる奴が、金持ちになれると思うか？」

「小銭……ですか」

「そう、小銭だ。本当にいい銘柄なら、数年あれば当然のように2倍くらいにはなる。それなのに、たった8％で売ってしまうなんて、とんだ早漏だと思わないか？」

「そ、そうろ……」

股間がひゅっと引き締まる。

「凡人にありがちなのが、上がった銘柄と下がった銘柄を両方売って相殺しようとするやつ。トントンに持ってこられたから良かったって考えるのかもしれないが、じゃ何で投資なんかやってんだってことになる。ところで、お前はなぜSHOHEIを買ったんだ?」

「そもそもいい商品を作ってる会社だし、業績も右肩上がりで伸びてます。努力義務化された自転車のヘルメットに進出するということで、ますます伸びるんじゃないかと思って」

「でもお前は、さらに続く右肩上がりの業績や自転車用ヘルメットの成功を見ることなく、わずかな利益で売っちまった。チグハグだと思わないか?」

ぐうの音も出ない。俺は単に株価の動きに惑わされて、気分だけで動いていたということか……。

「SHOHEIは売らずに持っていたらよかったんでしょうか?」

「まあそう簡単に何でも持っておけばいいなんて言えないのも投資だがな。あとは凡人の頭でちょっとは考えてみろ。それと、次に買う銘柄もな」

次に買う銘柄……。一体何を買うのが正解なんだろう? 持ち続ける銘柄?

「おっと、次の患者もいるみたいだから、今日はこれまでな。次の患者はあんたと違って優秀だよ。全く、何でこんなところに来る必要があるのかね」

「あ、ありがとうございました」

待合室に戻る。すると、「次の患者」と思しき、70歳くらいの男性が腰掛けていた。この爺さんが「優秀」だって？

「波野さん、お疲れ様でした。忌部の診療に耐えられる人は、そう多くないんですよ。波野さんは本当に優秀です！」

「あ、ありがとうございます」

悪い気はしないが、それって褒めてるのだろうか？

「紹介します。こちらは仙石《せんごく》さんです。実は私の証券会社時代のお客さんでもあるんですよ」

万賀は証券会社に勤めていたのか。

「はじめまして、波野と申します。ここに来るのは2回目ですが、忌部さんに言われっぱなしです」

「兄ちゃん。若いね。年はいくつだい？」

「今年で38歳になります。妻と子どもが一人います」

「そうかい、そうかい。その歳でここに来てるなら、もうお金の心配をする必要はなさそうだね」

そうなのか、にわかには信じられない。少なくとも、今の自分には心配しかないが……。

「仙石さんは普通のサラリーマンだったんですが、株式投資で数億円の資産を築いた人なんです。私もたくさん勉強させてもらいました」

数億円⁉　とてもそんなふうには見えない。着ている服も、特に高級というわけではなさそうだ。

「たまたまじゃよ。兄ちゃん、ユニクロ知っとるじゃろ？」

「もちろん、自分普段着はほとんどユニクロです」

「あの会社を買ったら、いつの間にか何億円にもなっとった」

「私と出会った時には、まだ1億円くらいでしたよね。そこでなんとか口座を開いてもらったんですが、全然売り買いしてくれないので、当時は本当に参りました。こっちは仕事にならないんです」

「ユニクロ……いつから買ってたんですか？」

「そうじゃな……フリースブームがあった1998年くらいじゃなかろうか。そこから2

年で20倍くらいになったんじゃ」

「20倍……それで仙石さんは大金持ちになったということですか！」

「いんや、それでもまだ1000万円を超えたくらいじゃ。しかもそれからバブルが弾けて、その5分の1くらいになった。その間に投資仲間のほとんどは売ってしまったよ」

「仙石さんは売らなかったんですか？」

「わしはファッションにこだわりがなかったから、ユニクロの服はよく着てて、気に入っとった。それでまあ応援のつもりで持ち続けたんじゃ。そしたらまた上がり始めて、気づいたら50倍。『億り人』になったっちゅうわけじゃ。あの柳井さんちゅうんは、本当にすごい社長じゃな」

なんと、ユニクロの株で億り人。まさかそんな人が本当にいるとは思わなかった。

「では仙石さん、忌部の準備ができましたのでどうぞ」

「ほい。じゃあ、兄ちゃん、またな」

改めて見ると、仙石さんの服はいかにもユニクロという質素な恰好だった。しかし、そのユニクロの服が、今は俺のアルマーニのスーツよりも輝いて見えた。

どうやら、投資には夢がありそうだ。暗くなりかけた空に現れた一番星がひときわ輝いて見えた。

解説

2

投資が上手い人のポートフォリオの共通点

プロスペクト理論

投資と切り離せない行動経済学の理論に「プロスペクト理論」というものがあります。

行動経済学とは、必ずしも合理的ではない人間行動の傾向を観察し、心理的な洞察を加えようとする試みです。プロスペクト理論は２００２年にノーベル経済学賞を受賞したダニエル・カーネマンらによって提唱されました。

なぜそれが重要なのかと言えば、投資を始めたばかりの初心者は、人間が本来持っている傾向によって「自動的に」動いてしまい、それが投資の成功を妨げていることがとても多いからです。

投資では「損小利大」が良いとされます。これは当たり前といえば当たり前の話で、損（マイナス）と利（プラス）を合計した時に、利の方が大きくならなければトータルでプラスにはなりません。つまり、損が出ていたらさっさと損切りし、逆に利益はどんどん伸ばすことが本来必要なのです。

しかし、プロスペクト理論によると、人が感じる損失の痛みは利益が出た喜びの2倍だと言います。損を最も実感するのは、実際に売って損失を確定させた時ですから、その痛みを回避しようと、損切りはどんどん遅くなるのです。同時に、「もう少し待てば回復するかもしれない」という希望的観測が生まれやすくなります。

逆に、含み益が出ていると人はリスク回避的になり、早々に手仕舞いしてしまいがちです。そこから先の追加的な利益に対しても「不感症」になってしまうため、もっと利益を出したいという気持ちは薄れます。その結果、小さな利益を出せたことでほっとしてしまうのです。

損大利小で儲からない投資家の心理

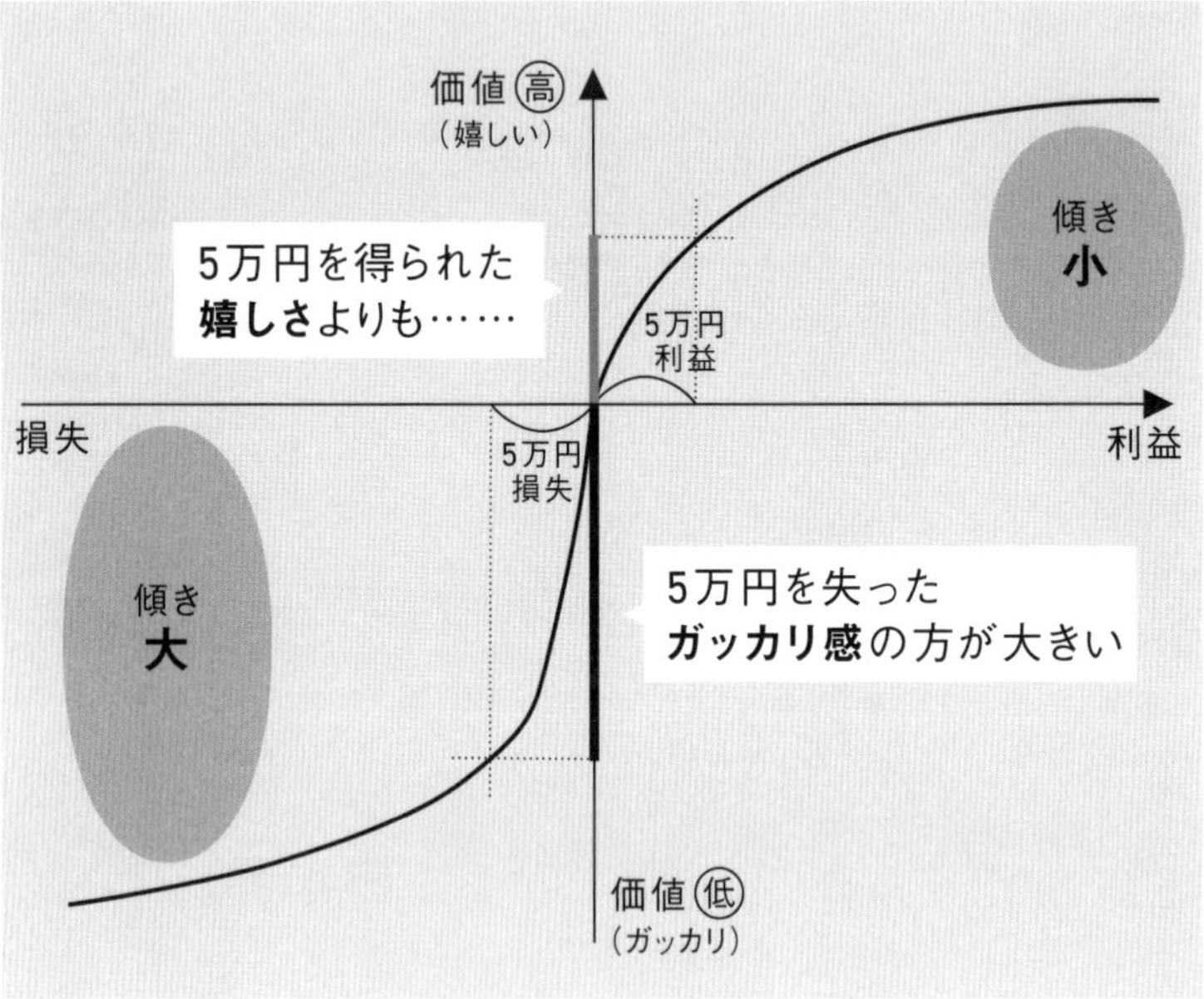

含み損は放置したままでさらに膨らんでいき、利益はさっさと確定した結果、「損小利大」どころか「損大利小」の投資になってしまう。初心者にありがちな失敗です。

アメリカで伝説的なファンドマネジャーにピーター・リンチという人がいるのですが（物語の後半で出てきます）、この人の有名な言葉に「花を摘んで雑草に水をやる」という言葉があります。これはもちろんダメな投資のたとえで、花（利益が出ている銘柄）を売り、雑草（損が出ている銘柄）を残す（あるいはもっと買う）という行為のことです。

お客様の相談を受けていると、やはり利益が出ている銘柄を売って、損が出ている銘柄を買い増したいという声を聞きます。理由を聞くと、下がっている銘柄の方が上昇余地があるからだという答えが返ってきます。しかし現実には、伸びる銘柄はとことん伸び、伸びない銘柄はいつまでも伸びないことが多いのです。

もちろんケースバイケースではありますが、傾向としては伸びている銘柄を持ち続けた方が良い結果が得られることが多いでしょう。

上手い人のポートフォリオを見ると、含み損の銘柄はほぼなく、一部の銘柄には莫大な含み益が乗っています。この状態こそ「損小利大」が徹底されている状況と言えるでしょう。

投資は「放ったらかし」でいい？

利益の出ている銘柄をそのまま伸ばし続けるとなると、「だったら放ったらかしでいいのか？」という話になります。

それは半分正解、半分誤りと言いましょうか。

伸びている銘柄をできるだけ伸ばすのは、感覚的には正解です。一方で、「手入れ」はどうしても必要になると感じます。

例えば、一時期株式市場を賑わせたエムスリー（証券コード：2413）のケースを見てみましょう。医療情報のポータルサイトを運営する企業ですが、世界的コンサルティング会社・マッキンゼー出身のCEOが率い、業績をグングン伸ばして、それに伴い株価も急上昇しました。

特に、コロナ禍では医療関係ということや空前の株式投資ブームに支えられて急上昇、コロナ前と比較して株価は一時3~4倍になりました。

しかし、その後はコロナ禍と株式投資ブームの終焉、さらには成長率の鈍化などから、株価は下落を始めます。ＰＥＲも一時１００倍以上になっていたことから、割高感の修正が起きたのです。

結果として、２０２４年末の株価はコロナ禍を大幅に下回る水準にまで下落しています。

こうなるとやはり「売っておけばよかった」ということになりますよね。

エムスリーの株価推移

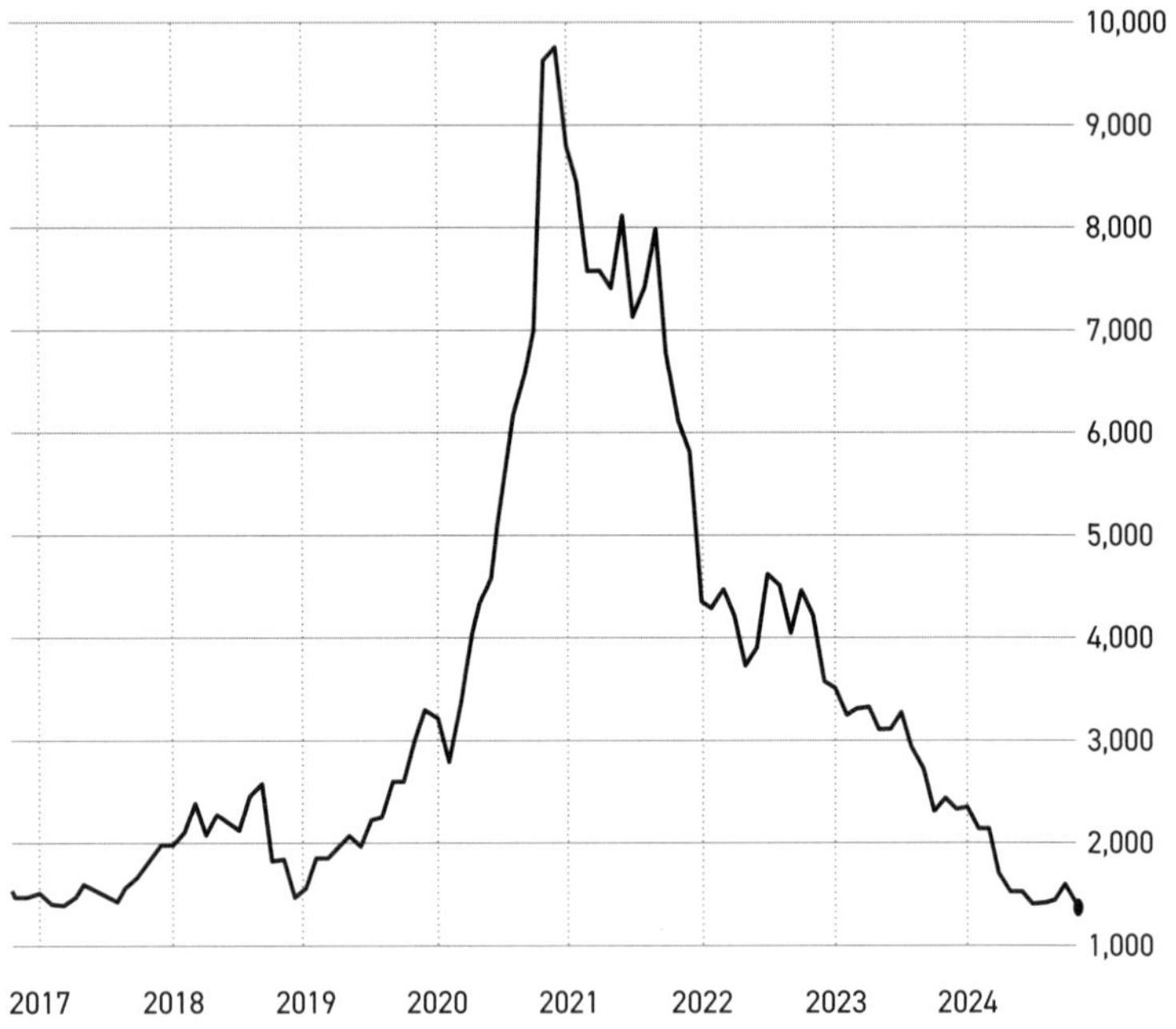

出所:TradingView

伸びている銘柄であっても、「手入れ」は必要になるものです。上昇を続けているうちは放ったらかしでよいのですが、行き過ぎた株価はやがて下がります。そのため、上昇している姿を眺めながらも「割高感」「株価の勢い」「事業の状況」には気をつけていないと、やがて大きく下がることもあるのです。

利益が一時的に減少するなどの「異常値」でない限り、PER100倍を超えるようだと割高なケースがほとんどです。そうなった時には、一部だけでも売っておくことが得策かもしれません。

どんなに素晴らしい企業であろうと、年率30%以上の高成長を続けられることはほとんどありません。急成長企業の成長率が下がってきた時は、多くの投資家が離れてしまいます。売るべきサインは、株価と業績、両方に表れるのです。

理想的なのは、業績と株価がほどよく伸び続ける銘柄でしょう。このような企業なら、必要以上に割高になることもなく、ただ持ち続けるだけで資産が増えていきます。物語に出てきたファーストリテイリング（ユニクロ）はこれを実現してきたのです。

このことを短く表したのが次のバフェットの格言です。私は何かあった時いつもこの格言を思い出すようにしています。

株式投資の極意とは、いい銘柄を見つけて、いいタイミングで買い、いい会社である限りそれを持ち続けること。これに尽きます。

では、そんな「素晴らしい企業」をどのように探したらよいでしょうか？　SNS？　四季報？　誰かのものまね？

その答えを知りたければ、続きをお読みください。

第3話

専門家が推奨する銘柄は買いですか？

診療所から家に帰って風呂に入り、パジャマに着替える。パジャマはユニクロだ。普段は何も気にしないが、今は急にそのパジャマが愛おしく感じる。

これが仙石さんを億万長者に押し上げたのだ。仙石さんがユニクロを買ったのが、確か1998年と言っていた。仙石さんはおそらく70歳くらいだろうから、その時44歳くらいか。俺が今からそんな銘柄を見つけたら、悠々自適の老後が待ってるというわけだ。

忌部にもきつく言われたが、成長を見込んで買うのに、ちょっとした株価の上昇で売るなんて馬鹿げている。その企業の成長を見届けることこそが、投資の王道なのではないだろうか。

「なんだか今日は久しぶりに楽しそうね。帰ってくるのも早かったし、何かいいことあった？」

夕食を並べながら、サユリが話しかけてきた。そういえばいつもは残業で、平日に夕食を一緒に食べることもほとんどなかった。それなのに嫌な顔一つせず、食事を作ってくれるサユリには頭が上がらない。

まだトリリオンバイオの損失のことは話していない。仙石さんの成功について、話すかどうか一瞬迷ったが、興奮から言わずにはいられなかった。それに、投資の成功談を話せば、俺が株をやってることも話しやすくなるだろう。

「取引先の役員から聞いた話なんだけど、そのじいさん、ユニクロの株で何億円も稼いだんだって。このパジャマの会社でだぜ。世の中わからないもんだよな」

診療所のことは説明しづらいから、微妙に嘘を交《まじ》える。

「あら、意外じゃないかも。だって、私もオシャレしようと思ったら、ユニクロ使ってるもの。雑誌とかテレビでも、よく特集が組まれてるのよ」

サユリは派手ではないが、オシャレには気を使う方だ。子どもができてからは、付き合っている頃とはテイストは変わったが、それでも近所のママ友の中でも際立っていると感じる。そんなサユリでも、ユニクロを愛用していたとは知らなかった。

「案外投資のネタってそのへんに転がってるもんだな」

「どうしたの？　急に投資のことなんか。そういえば、最近どこ行ってもニーサ、ニーサって、流行ってるわね」

どきりとした。損失のことがバレると大変だ。ここは話を切り替えなければならない。

ソファで子ども番組を見ている5歳の娘が目に入る。

「なあ、ミサキ。誕生日何が欲しいんだ？」

「わたし、カラオケが欲しい」

「ミサキったら、アイドルのアニメを見てすっかりハマっちゃって。練習するために、オモチャのカラオケセットが欲しいんだって。そうそう、私最近、ちょっとした空き時間に『カラリピ』行ってストレス発散してるのよ」

カラリピ。街のちょっとしたスペースに雨後の筍《たけのこ》のようにたくさんできた施設で、そこでは一人カラオケを楽しめたりテレワークに利用できたりする。運営する会社は味をしめたのか、一気に「全国1万か所」を目指して拡大を続けている。テレビCMでもよく放映され、社長はテレビで引っ張りだこだ。

「それ、いくらなんだ？」

「1時間980円なんだけど、定額会員なら月2980円で使い放題なの。私もサブスクしようかしら」

カラリピか……もしかしたらアリかもしれない。

サユリとミサキが寝静まってから、そっとパソコンを開く。カラリピについて調べるためだ。

『カラリピ　株価』

株価チャートが表示される。すると、この半年で株価はすでに2倍に上がっている。遅かったか……。しかし、株価チャートの下にある検索結果の見出しに目が釘付けになった。

『カラリピは初動から2倍になってからが勝負――ゴッドの投資塾』

動画へのリンクだ。金髪の男が載ったサムネイルが目に飛び込んでくる。生唾を飲み込みながら、画像をクリックする。

『どうも～すべての個人投資家を天国へ導く、ゴッドです!!』

大音量に驚き、慌てて音量を下げる。サユリとミサキは起きてないよな……。

『みんな、カラリピはもう買ったかな？　まだ買ってない人、2倍になったからって怖気づいてちゃいけないよ。まだまだこれから何倍にもなる銘柄だからね☆』

調子が良さそうな男だ。しかし、チャンネル登録者数は80万人。これはかなり多い方だろう。コメント欄には、ゴッドを絶賛する書き込みが並んでいる。

〈ゴッドが教えてくれた銘柄が、あっという間に3倍になりました！　これでハワイ旅行に行けます〉

〈カラリピにも期待！〉

〈まさに信じるものは救われる……俺たちの救世主〉

そこには、かつてゴッドが動画で取り上げて急上昇した銘柄が並んでいた。念のため幾つかの銘柄の株価を調べてみたが、確かにここ最近大きく上がっている銘柄がほとんどだ。これは、もしかして本物なのか。でもどこか胡散臭《うさん》い。

『胡散臭いと思ったあなたはそれで結構。投資は胡散臭いうちが一番儲かるからね。信じるか、信じないかはあなた次第☆』

くそ、画面の向こうから心を見透かされているようだ。でも、ゴッドの言ってることは納得させられることが多かったし、有名私大の慶陽大学卒、業界最大手の田村証券出身。証券アナリストの資格も持っているということだ。

しかし、ふとトリリオンバイオのことが思い出される。あの時は、ＳＮＳに踊らされるがままに買って、とんでもない損失を出してしまった。一番の反省は、トリリオンバイオが赤字だってことすら認識していなかったこと。少なくともカラリピの業績くらいは見ておかないといけない。

『カラリピ　業績』

「ＩＲ　ＢＡＮＫ」というサイトにたどり着く。どうやら上場からまだ1年しか経っていないようで、業績は3年分しかない。それでも、売上は１５３億円、３１０億円、６２５

億円と倍々ゲームだ。営業利益も、最初の年こそ赤字だが、一昨年は10億円、昨年は60億円とものすごい勢いで伸びている。これはいよいよ本物かもしれない。

しかし、決算を見ると言っても、ここから何を見たらいいのだろうか？　仕事でも、見る数字といえば売上と利益くらいだ。

ふと、万賀の優しげな顔が頭に浮かぶ。そうだ、ＬＩＮＥで聞いてみたらいいじゃないか。

パソコンの脇にあったスマホに手を伸ばす。

『こんばんは。波野です。自分で銘柄を探していますが、本当にこの銘柄で良いのか、モヤモヤしています。調べている銘柄は、カラリピです。どう思いますか？』

今日はこれだけ送って寝よう。そう思ってパソコンを閉じると、すぐに通知が来た。

『どう思うかじゃねーよ、ハゲ。ちゃんと調べろ』

ハゲ……。自分でも気づかないフリをしていたが、やはり前髪が薄くなっているのがわかるか……。いや、今はどちらでもいい。忌部だ。向こう側に忌部がいるのは間違いない。

相変わらずキツいが、そんな厳しい言葉を受けるのも、なんだか癖になってきている気がする。

ちゃんと調べろ、か。でも、その調べ方がわからなくて困ってるんだよな。

スマホを片手に返信に困っていると、立て続けに通知が来る。

『万賀です。波野さんは努力家ですね。実に素晴らしいです。波野さんは簡単な決算書は読めると思うので、次のステップはぜひこの本を読んでみてください』

そう言われて送られてきたのが、『世界一楽しい決算書の読み方』（KADOKAWA）という本だ。Amazonのページを開くと「いちばん売れてる会計の本」と書いてある。やはり、企業を見るには、会計が必須ということか。

少し気が滅入りながらも、何かしなければ始まらないと思い、注文ボタンを押す。これが届いたら、自分も少しは企業のことがわかるようになるだろうか。

『ありがとうございます。早速注文してみました。読んで勉強してみます』

勉強、か。大学を出てから勉強らしい勉強をしてこなかったな。もう一度、学生に戻ったつもりでやってみるか。

翌日、19時に会社から戻ると、早くもAmazonで頼んだ本が届いていた。表紙には、なんだかふざけたクマのような絵が描かれている。本当にこれで決算書が読めるようになるのだろうか。

風呂に入り夕食をとっていると、テレビのニュースが視界に入ってくる。インタビューを受けているのは、カラリピの社長だ。「飛ぶ鳥を落とす勢いの新星！　社長の本音」というテーマで、精悍《せいかん》な顔つきのカラリピの社長が話している。「これから全国津々浦々、3年以内に3000か所にカラリピを展開したい」と息巻いている。気持ちがはやる。

サユリとミサキが寝静まり、届いた本を読み始める。別に隠す必要はないのだが、何となく気恥ずかしい。

本にはこんなことが書いてあった。

『「ドトール」と「ルノアール」のコーヒーの値段の違い、あなたは説明できますか？』

普段営業の合間にカフェに立ち寄る俺にとって、身近なテーマだ。それが、決算書を読めばわかるだって？

本では、原価率の違いがクローズアップされていた。ドトールが39％なのに対し、ルノアールは12％。つまり、ドトールの方が値段の割に良いコーヒーが飲める。その違いの理由は、「回転率」にある。ドトールは回転率が高いから、薄利多売でもやっていける。一方、ルノアールは、コーヒーを高めの値段で売る代わりに、ゆっくりとした時間を提供してくれる。

確かに、一人でサクッとコーヒーや軽食を取りたい時にはドトールに入るし、誰かとゆっくり話したい時は、ルノアールを選ぶよな。そうか、決算書はただの情報じゃなく、現実と結びついているんだな。

どうやら、表紙を見て抱いた疑念は杞憂に終わりそうだ。俺は一気に本を読み切った。数字と現実を結びつければ、決算書は急に実体を伴って浮かび上がってくる。要は、それを想像できるかどうかが、読み方の肝というわけか。

想像、想像……。

カラリピのビジネスはどうだろうか？　基本的にサブスク収入だから、売上は安定しそうだ。それなら、かかるコストはどうだろう？　カラオケ機器を購入するためにお金が掛かりそうだな。

カラオケ機器なんかを購入するとどうなる？　資産だからきっとバランスシート（貸借対照表）に載るんだろう。となると、バランスシートの右側、お金はどうやって持ってくるんだろう？

パソコンを開き「カラリピ　資金」と検索してみる。すると「カラリピ、成長とともに膨れ上がる借金」という見出しがヒットする。そうか、借金か。カラリピは借金をして機材を買い揃えているんだな。

機器を購入したら、それが売上の源泉となる。つまり、購入した金額に見合った売上を上げ続けられるかどうかが肝ってことかもしれない。

直近の業績が黒字ってことは、費用以上の売上が出ているということか。サユリもやってるくらいだし、利用者は増えてるんだろうな。それに、サブスクってことは、売上が積み上がっていくはずだ。

でもそんなにうまくいくのか？　リスクは何だ？

借金が増えてるのは、何となくリスクのような気がする。でも、売上が増えればきっとカバーできそうだよな。じゃあ、やっぱり売上が増えるかどうかが大事なのか。そんな未来のこと、どうやって考えたらいいんだろう？

万賀に聞いてみよう。思わずスマホに手が伸びる。

『波野です。本読みました。すごくわかりやすいです。カラリピのビジネスのことも少しわかってきた気がします。でも、これからの売上が増えるかどうかは、どう考えたらいいんでしょう？』

送ってからもあれこれ考えながら唸っていると、スマホが鳴った。

『波野さん、こんな夜遅くまで、勉強家ですね。明日診療所に来ますか？』

万賀からのお誘いだ。

『行きます！』

幸い明日の仕事の予定は午前中で片付きそうだ。午後は通院ということにして、診療所に行くことにしよう。


翌朝、会社に向かう電車の中でカラリピについて検索を続けると、相変わらずゴッドの動画に行き着く。新しい動画が昨日の夜にアップロードされたようだ。

『みんな、カラリピはもう買ったかい？　コメント読んで気になるのは、みんな高いＰＥＲを気にしてるってことだね。でも、そんなの気にすることはない。ちょっと前に日本にもすご～いファンドマネジャーがいたんだけど、その人のファンドではＰＥＲが高い銘柄もガンガン買ってたんだよ。業績が伸びれば、本当のＰＥＲはあっという間に下がるから、気にすることなんかないんだ☆』

ＰＥＲか。確か万賀は、一般的なＰＥＲは10～25倍と言っていた。カラリピのＰＥＲは……50倍。確かに高い。でも、ＰＥＲってそもそも何だっけ？

『ＰＥＲとは、「Price Earnings Ratio」の略で、「株価収益率」と表されます。株価がＥＰＳ（1株当たり純利益）の何倍の価値になっているかを示すものです。現在の株価が、その企業の利益と比べて、割高か割安かを判断するのに使われる指標です』

なるほど、要するに株価が利益の何倍かという話か。だったら、今の利益ではＰＥＲ50倍だとしても、ゴッドの言うように利益が2倍になれば、ＰＥＲは25倍。これだと平均的な数字ってことだよな。

ヤバい、そう考えたら今すぐにでもカラリピを買った方がいい気がしてきた。脇汗がじんわりと込み上げてくる。一刻も早く診療所に行きたい。

会社に着いてからは、何度もトイレにこもってカラリピの株価をチェックした。今日の株価も昨日の終値を上回って推移している。乗り遅れてしまうんじゃないかと、焦る気持ちばかりが募っていく。

「悪い、今日午後病院に行くから、半休もらうわ」

「課長……お大事になさってください」

女性課員は心底気遣う様子で声をかけてくれた。

午後2時。約束の時間になり診療所に行き、入口の扉に手をかける。

「あーー!!　ムカつくムカつくムカつく!!」

思わず扉にかけた手を離してしまいそうなほど大きな忌部の声が聞こえる。これは相当荒れてるな。果たして今日は無事に帰れるだろうか。

「こんにちは……」

「お待ちしてました！　忌部はあのとおり取込み中なので、今日は私が診察します。診察室へどうぞ」

万賀が診てくれるということで、ほっと胸をなでおろす。

「カラリピですね。確かに周りでもよく見るようになりました」

「はい。業績も勢いよく伸びていて、株価もあっという間に2倍になりました。早く買わないと乗り遅れてしまうんじゃないかと思って。紹介してもらった本を読んで、決算書の見方は何となくわかったんですが、これから業績が伸びるかどうかって、どうやって考えたらいいんでしょうか？」

「良い質問です！　まさに『これから』のことこそ、投資の本質なんですよ」

万賀が嬉しそうな顔で続ける。

「今、大谷翔平選手がメジャーリーグで大活躍していますよね。波野さんは、大谷選手が海を渡る前、この活躍を予想できましたか？」

「期待はしていましたが、メジャーリーグで二刀流でうまくいくかどうかは、正直半信半疑でした。アメリカの専門家の間でも厳しい意見が多かったようですし……」

「企業を見るのもそれと同じです。未来のことなので誰も確かなことはわからない。でも、スカウトは、そこの可能性を見出していたということですよね。投資はスカウトみたいなものです。波野さんがプロ野球選手のスカウトだったら、選手のどんなところを見るでしょうか？」

「まずは、アマチュア時代の実績ですよね。野手だったら、打率やホームランの数。投手だったら、球速や防御率などでしょうか。でも、若い選手なら実績だけじゃなくポテンシャルも見たいですね」

「そんな感じです！　打率や防御率、企業であれば売上高や利益率、財務健全性にあたります。基礎がしっかりしていなければ、選手も企業も大きな活躍は難しいでしょう。次に、ポテンシャルです。スイングのスピードや肩の強さを見て『この選手は今後もっと成長する』と感じることがあるように、企業の技術力や参入市場の将来性を見て判断できる伸びしろも重要です」

「なるほど。わかりやすいです」

「能力の見極めの次は、価格をつけるということになります。大谷翔平選手は、ドジャースと10年で1000億円という前代未聞の契約を結びました。なぜこんなことが可能になったと思いますか？」

「実力があって、活躍できる可能性が高いと判断されたからでしょうか？」

「まさにその通りです！　野球選手の長期契約のように、素晴らしい企業には高い価格がつけられます。1シーズンだけ活躍する選手もいますが、本当に大切なのは年俸総額。すなわち、活躍できる『期間』が重要だというのも、野球と長期投資の似ているところですね」

「一時的じゃなく、長く活躍することが重要なんですね」

「はい！　そして、総合的な評価の高い企業のＰＥＲは高くなります。波野さんは、マイクロソフトはご存じですよね？」

「もちろん、ウィンドウズやオフィスソフトは仕事をする上では欠かせません」

「マイクロソフトのＰＥＲは、約40倍です……前に平均は10～25倍くらいと言いましたが、その範囲を超えるほど評価されていると言えますね」

「なるほど！　ということは、50倍のカラリピも高く評価されてるってことですか？」

「そうとも言えますが、ＰＥＲというのは厄介な指標で、あくまで目先の利益に対する倍率なんです。例えば、目先で急成長する確率が高い企業ならＰＥＲの数値は目先の成長を織り込んで高く出がちです。利益が1年で2倍になるなら、実質的なＰＥＲは今の数値の半分と言えますから」

「そうか、だから『ゴッド』は高いＰＥＲはすぐに下がるって言ってたんですね」

「波野さん、今その名前は禁句です」

「え？」

万賀が周囲をうかがう。どうやら忌部の所在を確認しているようだ。

「ここだけの話なんですが、その『ゴッド』が『伝説のファンドマネジャー』とか言ってませんでした？」

「はい、言ってました。その人が、高いＰＥＲの銘柄もガンガン買ってたって」

「実は……そのファンドマネジャーというのが忌部なんです」

「え⁉」

「今はこの通り辞めてますけどね。まあ、忌部の気持ちはわかります。今日はこのくらいにしておきましょうか。カラリピに関しては、ぜひご自身で考えてみてください」

「あ、はい。ありがとうございました」

診察室を出て帰ろうとすると、トイレから出てきた忌部とすれ違った。

「おう、波野。元気か？　動画なんか見てないで、本読めよ」

返事をする間もなく立ち去った。気持ちは落ち着いたようだった。あの人が「伝説のファンドマネジャー」か。なんだか、とんでもないところに来てしまったのかもしれない。


その日の夜、改めてカラリピについて考えた。

確かに、目先では店舗や会員が増えて成長しそうだ。だが、カラリピは長く活躍できるだろうか？　目先の業績や、テレビに出ていた社長の勢いはすごそうに見える。だけど、そもそもこれは単なるブームじゃないだろうか？　みんなが一人カラオケに熱中し続けるなんてことがあるだろうか？

もしブームが終わったとしたら、当然売上が減る。一方で、カラオケボックスや機材の費用は残り、今度は赤字を垂れ流すことになるんじゃないか。逆に、もしブームが続くなら、いろんな業者が参入してくるに違いない。それに対抗するだけの、カラリピの強みはあるか？

ゴッドは今すぐ買わないと間に合わないって言ってたけど、逆にダラダラ持ってたらあっという間に業績の方が崩れてしまうんじゃないだろうか。

ふと、忌部の顔が浮かぶ。伝説のファンドマネジャーか。あかりさんなら、どう言うだろうか？

『ウジウジ悩むような銘柄に投資する意味あんのかよ、ウジ虫』

はっとした。ウトウトしていたようだ。不意に忌部の姿がまぶたの裏に浮かんでいた。

その通りだよな。悩むような銘柄に投資しても、何も良いことはないよな。誰かの言うことを聞くんじゃなくて、自分で自信を持てる銘柄に投資しよう。

そう考えて、パソコンを閉じて眠りにつく。その日はいつになくぐっすり眠れた。

解説
3 投資は「失敗を避ける」ゲーム

より馬鹿理論

「良い銘柄はどうやって探したらよいか？」

これは多くの投資家の悩みであり、私自身も悩み続けています。当たり前の話ですが、良い銘柄なんてそうそう転がっていないからです。多くの銘柄にはどこかウィークポイントがあり、逆に誰が見ても素晴らしい銘柄はとても高い値段がついています。

プロの投資家でも悩むこの問題は、当然個人投資家にも降りかかります。しかし、それを逆手に取って自ら「良い銘柄」を作り出そうとする人も世の中には存在します。また、誰かが意図せずとも噂が噂を呼び、ある日急に注目が集まる銘柄というのもあります。このような「急騰株」には、誰もが憧れますよね。

できれば、急騰する株を事前に知りたい。そのためには、情報にいち早く飛び乗ることが正解だ——そう考えている人もいるのではないでしょうか？　しかしこれが、多くの個人投資家を絶望に叩き落とす罠でもあります。

多くの投資家が大きな含み損を抱え、私のもとに相談に来ます。そのほとんどが、話題になってから高値で飛びつき、下がり始めた後も売り時を逃してしまったケースです。「YouTubeで誰々が良いと言っていた」「Xでみんな良いと言っている」このような理由で買いを急ぐ投資家は非常に多いのです。

もしあなたが投資の成功のために必要なことが「情報に飛びつくこと」だと考えているなら、一刻も早くその姿勢を改める必要があります。なぜなら、そう考えている時点であなたは株式投資においては「最高のカモ」だからです。

投資には「より馬鹿理論（Greater Fool Theory）」という考え方があります。この理論は、資産の価格が適正価値を超えている場合でも、購入者が「より馬鹿（次にその資産を買う人）」に売ることができるという考えのもとで、上昇が続く状況を説明します。すなわち、投資家が高すぎると知りつつも、さらに高く売れると信じて投資を続ける現象を指しています。

もしあなたがある銘柄の保有者で、その銘柄がすでに割高であると気づいている場合どうするでしょう？　もっと高く買ってくれる人が出てきてくれると嬉しいですよね。そのため、売りたい人はその銘柄がいかに素晴らしいかということを高らかに宣伝するでしょう。現代のSNSでは、そのような人が一人ではなく大勢いると思ってください。

そのようなSNSの海に、初心者の投資家が飛び込むと、周りはその銘柄を絶賛する声が溢れています。初心者の投資家はどんどんその銘柄に惚れ込み、いても立ってもいられずその銘柄を購入するのです。

こうなると、売りたい投資家にとってはしめたもの。さっと売り払ってその銘柄から姿を消します。気がつくと周りにはその値段で買いたいと思う投資家は誰もいません。ほどなくして株価は急落、高値で買った投資家は取り残されてしまうのです。

これは極端な例ですが、株式市場は基本的にこのようなメカニズムで動いていると知っておいて損はないでしょう。少なくともあなたが「最高のカモ」になることは避けなければなりません。

それでもすぐに話題の銘柄に飛びつきたくなるあなたには、バフェットのこの言葉をお届けしたいと思います。

我々は、何百もの案件を毎年検討する。しかし、その中で判断がつかないものに対しては、単に「ノー」と言う。それが一番のアプローチだ。

私は仕事柄多くの成功してきた投資家に出会いますが、長く成功し続けている投資家ほど、この原則を貫いているように思います。すなわち、どこか引っかかるところのある銘柄には投資しないということです。

もちろんそれによってチャンスを逃すこともあるでしょう。しかし、それで失敗して多くの資産を失ってしまうよりは、何もしない方がマシということです。これは、例えばプロの雀士が基本的に「大勝ちしなくてよいから、負けないこと」を重視していることに似ています。負けさえしなければ、どこかで必ずチャンスは巡ってくるのです。

このことを、バフェットは以下のようにも表現しています。

投資の世界に見逃し三振はない。

投資は「良い企業」を選ぶゲームだと考える人もいますが、どちらかというとその本質は「悪い企業を避けるゲーム」だと言えます。もちろんこれはある程度経験を積まないとわからない部分もあるのですが、少なくとも「悪そうなポイント」を知っておくことは、投資の成否を大きく左右することになるでしょう。

悪い点がない＝良い企業

それでは、「悪そうなポイント」とはどのようなことでしょうか？　物語の中では、結構レベルの高い決算書の話をしましたが、ここではもっと簡単にそのポイントを挙げてみたいと思います（※これが当てはまるからと言って「絶対に上がらない」と言っているわけではありません）。

【悪い株を見抜く10のチェックポイント】

1　利益が長い間増えていない→成長力がなくジリ貧

2　業績が乱高下している→先が読めず急落の可能性

3　自己資本比率が極端に低い↓業績が悪いか借入が多い可能性

4　株価が急上昇した↓急に上がった銘柄は急に下がりやすい

5　ＰＥＲが高すぎる（50倍以上）↓一時的なバブルの可能性

6　会社の規模に対して大きすぎるＭ＆Ａ↓茨の道

7　経営者が有頂天↓周囲から持ち上げられ、誤った判断をしがち

8　経営計画がわかりにくい↓経営者自身も進む方向性をわかっていない可能性

9　すぐに真似されそうなビジネス↓「参入障壁」がなければ利益は残らない

10　従業員の愛着がない↓従業員が会社や仕事に誇りを持てない企業の将来性は厳しい

絶対の正解はありませんが、特に初心者のうちはここに該当する銘柄を買わないだけでも多くの失敗を避けることができます。逆に言えば、ここに挙げたポイントが該当しない銘柄を選べば、それが「良い銘柄」である確率はグンと上がることになるのです。

例を挙げてみましょう。オービックという会社があります。会計システムを中心とした統合基幹業務ソフトウェア（ＥＲＰ）を提供する会社です。あまり派手ではありませんが、着実に業績を伸ばしています。

業績を見ると、きれいに右肩上がり。自己資本比率は86％（2025年1月末時点）もあり、これで1、2、3はクリアです。

オービックの通期業績推移
（売上高、営業利益）

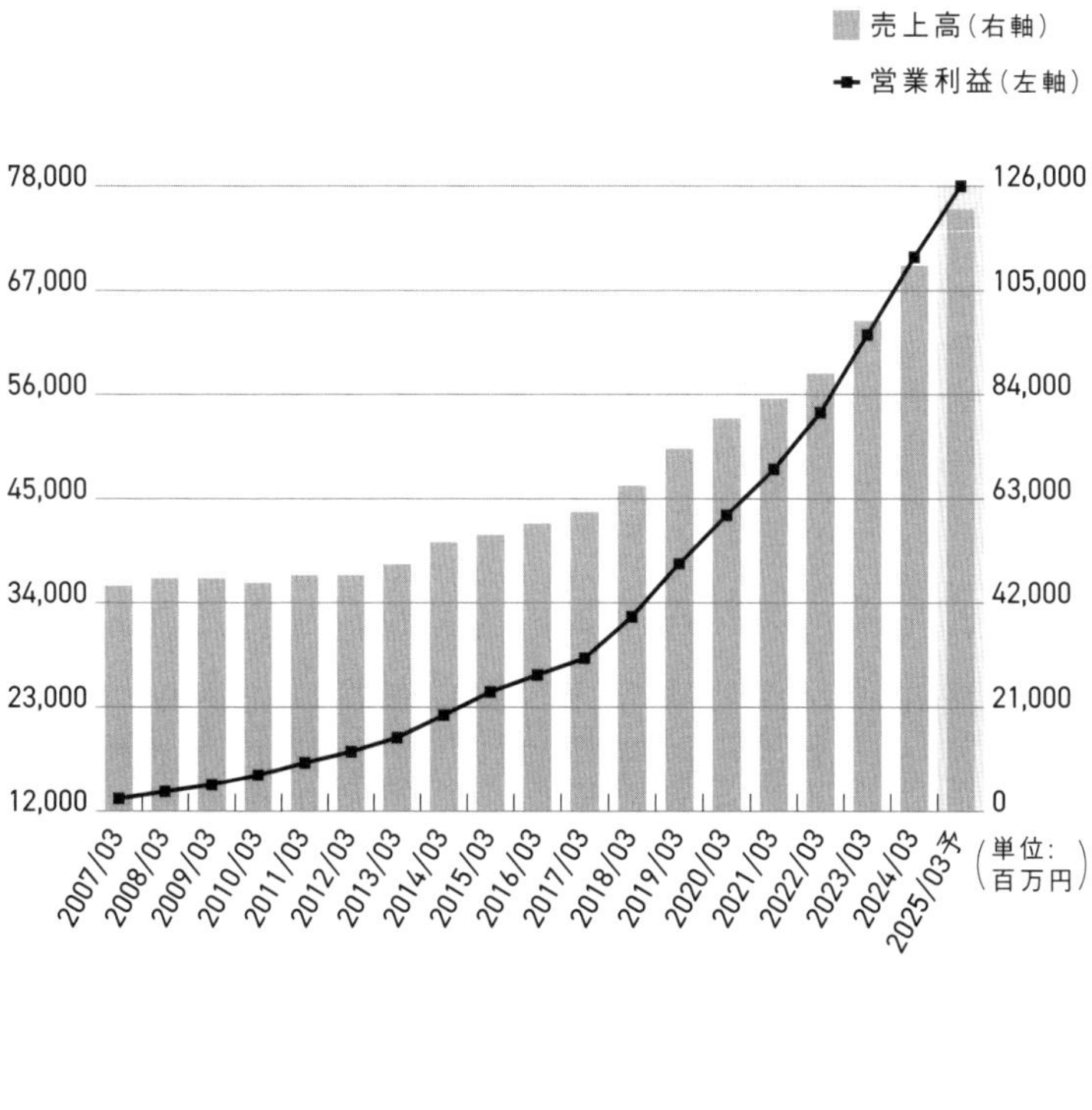

出所：マネックス証券

株価も極端に急上昇することなく上昇を続けています。ＰＥＲは約35倍（２０２５年１月時点）と決して低いとは言えませんが、成長企業としては妥当と言えます。優良企業のＰＥＲはなかなか低くはなりません。また、大きなＭ＆Ａも特に行っていません。ここまでで、４、５、６はクリアです。

オービックの株価推移

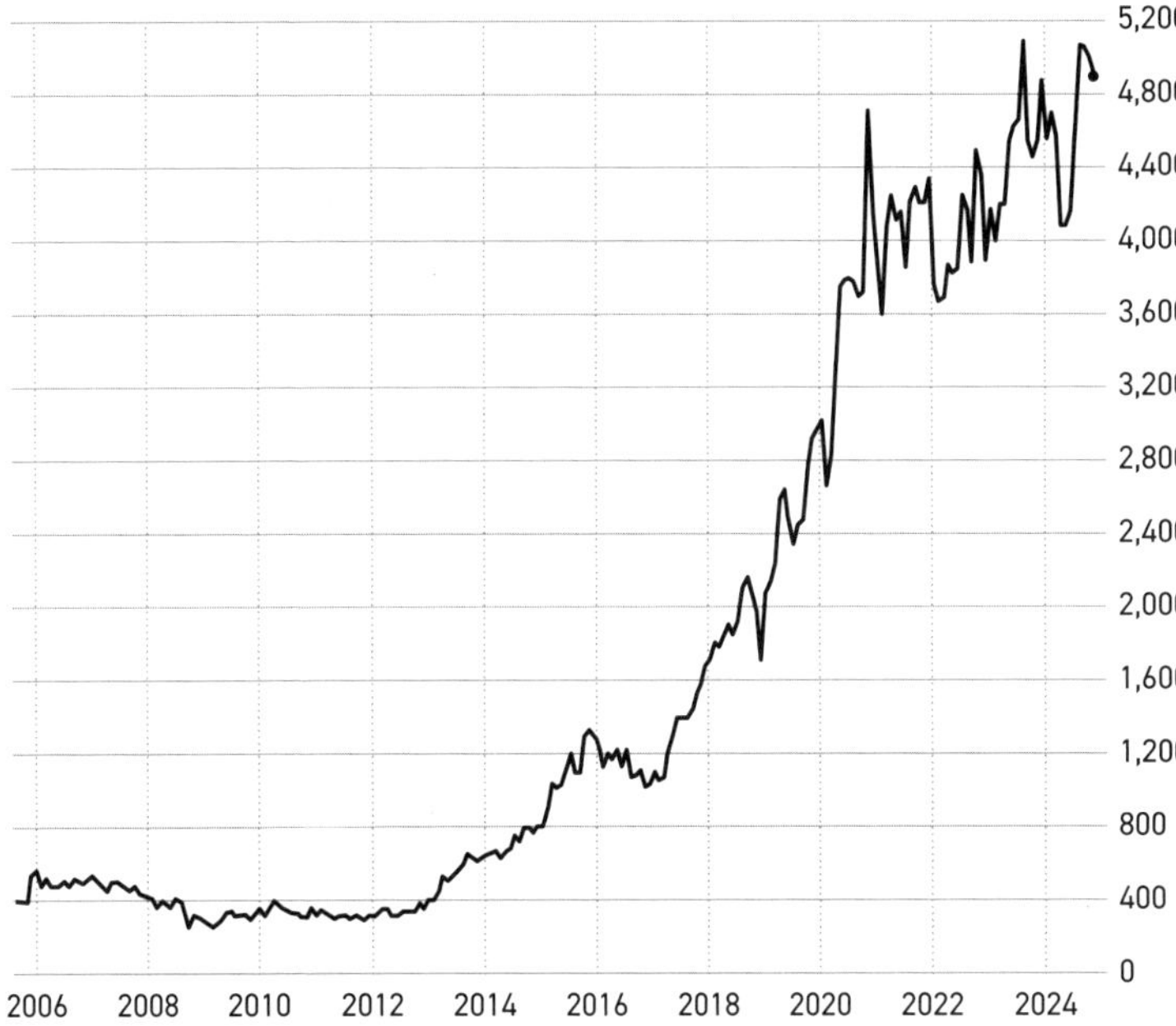

出所:TradingView

7以降はどうしても主観になりますが、わかる範囲で所感を書きます。

経営者の野田順弘氏は1968年に同社を設立し、現在に至るまで半世紀以上同社を率いています。今さら有頂天になるということもないでしょう。有価証券報告書にある経営方針は「1：製販一体体制を推進する、2：カスタマイズ性の高い『OBIC7シリーズ』によって、生産性の向上に取り組む、3：人材の育成と活性化に注力する」と極めて明瞭であり、わかりにくいということはないでしょう。

9の「マネされないかどうか」という点に関しては検討の余地が残ります。しかしながら、DXが叫ばれるずっと前から行っていたビジネスであり、ERPは企業が一度導入すると簡単には代えられないシステムなので、少なくとも既存の顧客が減る可能性は高くなさそうです。

最後に「従業員の愛着」は、最も感性が要求される部分かもしれません。小売業などで直接店舗などを目にできる企業ならいいですが、それが難しければ転職サイトが参考になります。オーナー系らしく、統率が取れている一方で「カルト」的な部分もある、というのがこの会社の「性格」と言えそうです。ここは賛否分かれそうですね。

オービック（SIer）の就職・転職リサーチ

組織体制・企業文化

回答日：2023年11月02日

回答者： SE、在籍5～10年、現職（回答時）、新卒入社、男性、オービック（SIer）

★★★☆☆ 3.5

全社員のチームとしての一体感が非常に高いと感じます。

それを支えるのはワンストップソリューションというビジネスモデルの意義が大きいです。

一社でシステム導入の上流から下流まで担うモデルのため、全ての工程が自社内のメンバーで構成されているため、よく知ったメンバーでのプロジェクトになる。そのため、コミュニケーションは非常に取りやすく、意思決定から実践までのスピードも早い。

その他、メンバーにトップダウンでの意思疎通がしやすく統率もよく取れている。

また、一社であることから、トップダウンでの意識疎通もはかりやすく、会社の意思決定を社員全員がタイムリーに知ることができる。一切職種関係なく、全社員が同じ方向を向くことができるようなビジネスモデルであると考える。

その中では、自然とチームとしての一体感を得ることができ、帰属意識は非常に高まるような環境である。

一方で、方針や制度に対して、社員がそれを当たり前と捉える、もしくは、自分自身でどうにか納得せざるを得ない環境でもあると考える。

どの企業でも同じことだが、組織の地盤や考え方に迎合できないと、働きづらい環境である。しかし、当該企業ではそれが顕著かつ、その他の余地が狭いと感じる。

出所:OpenWork

企業の分析方法について詳しく知りたい方は、ぜひ拙著『1社15分で本質をつかむ　プロの企業分析』（クロスメディア・パブリッシング）をお読みください。

ここまで読んで、あなたは難しく感じたでしょうか？　実はここまでやらなくても、簡単に投資を実践する方法があります。そう、インデックス投資です。難しいことは考えずにインデックスを積み立てればよい――投資をやる人なら耳にタコができるほど聞いてきたのではないでしょうか。

次の話では、インデックス投資全盛の今、個別株に投資する意味があるかどうかを考えてみます。個別株かインデックスか迷っている方は、続きをお読みください。

第4話

結局、素人はインデックスで積立が最強なんですか？

日曜日。いつもなら家族サービスに精を出すところだが、サユリとミサキの二人は誕生日プレゼントを買うついでに「女子会」と称して出かけるということだ。

少し寂しいが、今の俺にとっては絶好のタイミングだ。早く次に投資する企業を見つけたい。テーマは決まっている。「次のユニクロ」を見つけ出すのだ。そして、SNSに惑わされることなく、自分で決める。納得いく企業を選び出すのだ。

ただ、そうは言っても何から手を付けたらいいのだろうか。じっとしていても埒《らち》が明かないと感じ、外へ出てみることにした。向かうのは、駅前の書店だ。ここで何かヒントが得られるかもしれない。

書店に入る。書店に来るのは久しぶりだ。必要な本があれば、いつの間にかAmazonで買うようになっていた。書店のビジネスは成り立っているのだろうか？

そんなことを考えていると、目の前に見慣れない光景が広がっていた。

ガチャガチャだ。

書店の一角が、ガチャガチャコーナーになっていたのだ。俺も若い時はポケモンのガチャガチャに夢中になったものだが、今こんな盛り上がりを見せていたとは。

ガチャガチャコーナーは、家族連れや若い女性で賑わっていた。中には、外国人観光客の姿もある。インバウンド需要も確かに摑んでいるということか。

どの会社の商品が並んでいるのか見てみると、「バンナイ」のロゴが目に入った。バンナイは昔からある有名おもちゃメーカーだ。よく見ると、このガチャガチャコーナー全体がバンナイのものらしい。スマホで調べるとバンナイは上場しているようだ。これはもしかしたらチャンスかもしれない。メモしておこう。

せっかく書店に来たので、投資コーナーを訪れてみる。

『10万円から1億円をつくる方法』

『超簡単・決算書の読み方』

『高配当株投資　決定版』

いろいろな本が置いてあり、つい目移りしてしまう。しかし、そんな中でも売れ筋ランキング上位に並んでいるのが、インデックス投資に関する本だ。

『これだけやれば間違いなし！　ほったらかし資産運用』

『最強！　米国株に寝たまま投資する方法』

どうやら、今の投資の流行りはインデックス投資というものらしい。自分がやってる投資とは、少し違うようだ。自分がやっていることは大丈夫なのだろうか？

一抹の不安を抱えながら、スーパーで昼食を調達して家に帰る。総菜のお好み焼きを頬張りながらバンナイについて調べてみることにした。

実は万賀から、マネックス証券の「銘柄スカウター」*という機能が使いやすいと教えてもらっていた。それ以来これを使ってみたくてウズウズしていたのだ。

バンナイに関しては意外な発見があった。てっきり日本で事業を行っているかと思いきや、海外売上比率が6割にも及んでいる。自分が子どもの頃から慣れ親しんだ日本のアニメやキャラクターが世界にも通用しているということで、なんだか嬉しくなった。

過去5年は増収増益になっていて、自己資本比率も高い。「次のユニクロ」と考えて期待してよいのではないだろうか。

しばらく悩んだが、納得感がこれまでとは全然違う。これが「自分で選ぶ」ということか。実は投資って、結構楽しいことなのかもしれない。

今日は日曜なので、株式市場もお休みだ。明日一番で買えるように、1単元（100株）を成行で発注しよう。こんなにワクワクする買い物というのも、若い頃に趣味のバイクを買った時以来かもしれない。

月曜日。朝の課会が終わり、すぐさまトイレへ駆け込む。株価を見るためだ。成行で発注したのだから買えて当然なのだが、早速約定メールが飛んできた。これからどんな動きをするだろうか。とりあえず、しばらくは惑わされないように株価の動きを見ないようにしよう。

「課長、上機嫌そうですね。快腸っすか？」

斉藤が話しかけてきた。そう言えば最初に投資を勧めてきたのもコイツだったな。少し話してみるか。

「お前、投資の調子はどうだ？」

「あー、あんま見てないっすけど、結構プラスになってると思いますよ」

そうなのか。俺はマイナスだというのに。

「どんな銘柄に投資してるんだ？」

「銘柄？　いや俺はそういうのじゃないっすね。インデックスですよ。オルカンです。課長知らないんすか？　いくら頑張って銘柄選んでも、結局猿がダーツ投げるのと変わらな

＊　銘柄スカウター：マネックス証券に口座を開設すると無料で利用できる機能（2025年1月時点）。

いって。プロでもインデックスに敵わないんすよ」

オルカン？　猿？　俺が知らないことを立て続けに言われ、言葉に詰まる。

「そ、そうだよな。いや、一応聞いてみたくてさ。やっぱオルカンだよな、ハハハ」

逃げるようにして自席に戻り検索する。

『オルカン＝eMAXIS Slim 全世界株式（オール・カントリー）』

これが「オルカン」の正式名称のようだ。「世界中の株式に幅広く投資することで、最大限の分散と成長を取り込むことができる投資信託。手数料も低く、インデックス投資に最適な商品」か。

そう言えば、書店でも「インデックス投資」って言葉をたくさん見た気がする。斉藤が最初に投資を勧めてきたのも、よく考えたらインデックス投資のことを言っていたのかもしれない。もしかして、俺がやってる個別株の投資って、異端なのか……？

昼休み。いつもなら同僚とランチに出かけるところだが、今日はとてもそんな気になれない。会社の休憩スペースで、スマホ検索に没頭する。Xでは「インデックス投資家」を名乗る様々なアカウントが見つかる。

〈投資は簡単。オルカンに積立設定をするだけ。私はこれを10年続けただけで、資産が5

000万円になりました〉
〈投資信託や個別株投資は時代遅れ。わざわざそんなの選ばなくても、世界中の株式に投資していれば必ず世界の成長を享受できる。個別銘柄で儲かっているポストはエアプ〉
〈投資が難しいって言ってるやつは、だいたい個別株で夢を見るやつ。プロでもインデックスに敵わないんだから無理ゲー。「敗者のゲーム」読んでないの？〉
なんてことだ。これだけインデックス投資を推奨している人たちがいて、しかもみんな利益を出している。これじゃ、今損している俺は馬鹿みたいじゃないか。

その日の帰り、最寄り駅の書店でSNSで見た『敗者のゲーム』を購入した。今夜はこれを一気に読み切るぞ。

翌朝。昨日は『敗者のゲーム』を一気に読み、頭の中がぐるぐるして一睡もできなかった。今の自分にとってあまりに衝撃的だったからだ。
『機関投資家の大多数が市場平均より高い成果をあげられるという前提は、残念ながら正しくない。なぜなら、機関投資家そのものが市場なのだから、機関投資家全体としては、自分自身に打ち勝つことはできないのだ。（中略）個人投資家の運用成績の場合は、さらに悪い』

なんてことだ。この本を読めば読むほど、自分がやっていることがどれだけ愚かなことかと思わされる。結局、インデックス投資だけをやっていればよいのか。

しかし、朝食をとりながらふと忌部と万賀の顔が浮かぶ。そう言えば、忌部は「伝説のファンドマネジャー」だと言っていた。「伝説」ということだから、パフォーマンスはインデックスを上回っていたに違いない。もしそうだとしたら、昨夜読んだ本の反証になるかもしれない。

会社に向かう電車の中で、診療所にＬＩＮＥを送る。

『「敗者のゲーム」を読みました。やっぱり、投資はインデックスが正解なのでしょうか？アクティブファンドや、個別株に投資する意味はあるのでしょうか？』

いつもならすぐに返信があるところだが、その日は返信がなかった。次の日も、また次の日も。タイミングの悪いことに、今週の株式市場は荒れ模様だ。買ってしばらくは上昇を続けていたバンナイも、含み損を示す青文字が並んでいる。

もうじっとしてはいられなかった。金曜日は午前中で仕事を片付け、半休を取り診療所へ向かった。ＬＩＮＥに返信がないから致し方ない。

しかし、診療所を訪れてみると「休診中」の札が下げられていた。人気《ひとけ》はない。しばらくカフェで時間を潰してからもう一度行ってみたが、やはり誰もいなかった。

自分がいかに忌部や万賀に依存しているか、思い知らされた。

土曜になっても気持ちが落ち着かない。そこでふと思いついた。もし忌部が伝説のファンドマネジャーなら、業界ではそこそこ有名だったんじゃないだろうか？

『ファンドマネジャー　忌部』

検索すると、金融情報サイトの結果が返ってきた。


【ホーク投信の忌部ファンドマネジャーが退任（20XX・X・X）】

ホーク投信の「ファイブスター・ファンド」のファンドマネジャーを務める忌部あかり氏が先月、退任していたことがわかった。ファイブスター・ファンドは過去3年のアクティブ型投資信託の上昇率がトップで、投資家や販売会社からは退任を惜しむ声が聞かれた。


記事のリリースは、9か月前。忌部は約10か月前にファンドマネジャーを辞めていたことがわかる。その他の検索結果では、過去のファイブスター・ファンドの運用報告書の中に忌部の名前があるのを見つけた。やはり伝説のファンドマネジャーというのは本当のようだ。

検索結果の一つに、個人のブログらしきものがあった。

【ある長期投資家の日記】

私はホーク投信のファンドマネジャー、忌部あかり氏に注目している。彼女が運営するファイブスター・ファンドの実績はもはや伝説的で、他のファンドを寄せ付けない。

彼女の手法は、企業を徹底的に分析し、ここぞと思った企業に集中投資するものだ。多くのファンドマネジャーは、リスク回避のため30銘柄以上に分散投資する。100銘柄に及ぶものも珍しくない。しかし、彼女のファンドは、わずか15銘柄に集中し、しかもその中身が入れ替わることは稀である。

ファイブスター・ファンドの運用報告書では、彼女の運用哲学を垣間見ることができる。運用報告書では、相場状況に関するコメントはほとんど出てこない。一方で、その企業の何が良いのかを示す文章が丁寧にしたためられている。これを読むと、長期投資においては相場より企業分析がいかに重要かが思い知らされる。

「アクティブ・ファンドはインデックス・ファンドに勝てない」というのが通説になりつつあるが、彼女の運用パフォーマンスは運用開始からの8年間でインデックスを優に上回っている。もちろん、一寸先は闇の投資の世界で何が起こるかはわからないが、彼女の手法や実績は、半世紀にもわたってインデックス・ファンドを上回り続けるウォーレン・バフェットの投資を思い起こさせる。

ただ、このファンドにも惜しいところがある。それは、これだけ高いパフォーマンスを記録しているにもかかわらず、ファンドに投資する個人投資家の大部分は損をしているというのだ。

なぜ損をするのか、この話を聞かせてくれた証券会社の担当者はそこまでは教えてくれなかった。しかし、本当にそうだとするならば、私たちはやはりアクティブファンドには投資すべきではないという結論になってしまう。

俺はついそのブログに見入ってしまっていた。間違いなく、あの忌部について書かれている。彼女が伝説であったことは、もはや疑う余地はない。

しかし、そんな素晴らしいファンドに投資した人の多くが、なぜ損をしてしまうのだろうか？　俺の頭ではさっぱりわからない。

そんなことを考えていると、ＬＩＮＥの通知が来た。万賀からだ。

『返信が遅くなってすみません。このアカウントが投資詐欺アカウントと誤認されて、凍結されてしまっていました。診療所も引き続き休診なのですが、お詫びにこれから飲みに行きませんか？』

間違いなく行く。今は万賀に聞きたいことが山積している。


待ち合わせは井の頭公園近くの焼き鳥屋だった。案外庶民的なところを選ぶものだ。店員に万賀の名前を告げると、半個室になっている場所へ案内された。すでに万賀は到着していた。

「万賀さん、まだそんなに時間は経っていないのに、何だかとても久しぶりに会った気がします。聞きたいことが山ほど溜まっていますよ」

「私もです。まさか、うちが詐欺アカウントに間違われるとは。もしかしたら、誰かが通報したのかもしれません。本当にご迷惑をおかけしました」

「いえいえ。それより、ＬＩＮＥで送ったことについて聞かせてください。アクティブファンドはインデックスファンドに勝てないのですか？」

「これぱかりは、慎重に説明する必要がありそうですね」

万賀は深呼吸してから話し始めた。

「確かに、統計を取ると、大半のアクティブファンドはインデックスファンドに負けてしまいます。業界ではよく知られた話です」

「なるほど……」

「もっと言うと、ファンドならではの苦労も多いんです。ファンドマネジャーの多くは、株価が下がった時には買いの方が有利なことを知っています。だから本当は下がった時にこそ買って平均単価を下げたいのですが、そうはいかないのです」

「なぜです？」

「株価が下がると、ファンドにお金を出している投資家が売却して損失を避けようとします。すると、解約資金を捻出するために、ファンドの銘柄も売らなければならないのです。結果的に、一番売りたくない時に株を売ることになり、パフォーマンスは下がってしまうのです」

なんということだ。機関投資家は好き勝手やっていると思っていた。ネットの掲示板でもそんなことがよく書かれていたが、彼らには彼らなりの事情があるんだな。

「でもそうだとしたら、むしろ株価が下がった時、買える人は積極的に買えばいいのでは？」

「万賀さん、勘がいいですね。その通りです！　つまりそれこそが『投資リテラシー』です。そこを間違わなければ、基本的にうまく立ち回れる。でも、実際にやろうとすると、結構難しかったりもします」

「どう難しいんですか？」

「波野さん、世界中でコロナウイルスが流行し始めた時のことを思い出せますか？」

「はい、はっきりと思い出します。緊急事態宣言が出て、お店は閉店。一体経済はこれからどうなるんだろうと思いました」

「そうなんです、不安ですよね。株価も下落が続いて、ポートフォリオは損失だらけ。ニュースでも悲観の論調が溢れている中で、積極的に株を買おうと思いますか？」

「いいえ、むしろ怖くて株を売ってしまうと思います……」

「危機は毎回違った形でやってきます。そして、人間は基本的に臆病です。本能に従うと、とにかくリスクを避けようと思って、株を売ってしまうんです。さらに株価が下がると、ますます不安になって、結局売りが売りを呼ぶ展開になるんです」

なるほど。確かに、新たな危機がやってきたら、不安になってしまうのが人間かもしれない。俺もこの1週間、何度バンナイを売ろうと思ったことか……。

「じゃあ、あかりさんはどうやって伝説的なパフォーマンスが残せたんですか？」

「彼女はあのように強気な性格ですから、自分の考えを頑として曲げなかった。多くのファンドでは現金を残さないのが普通なのですが、彼女は上司に喧嘩を売ってまで、現金を多めに残していたんです。下落時の解約に、前もって備えたかったのでしょう」

「現金を……」

「結果として、コロナショックの時、下がっている優良株をどんどん買いました。その結果、まさに伝説的なパフォーマンスを残せたのです。彼女は一躍スターになりました」

「そうだったんですね。でも、そんなによかったのに、なぜファンドマネジャーを辞めてしまったんですか？」

「彼女のファンドのトータルでのパフォーマンスは圧倒的でした。でも、話題になればなるほど、目先のパフォーマンスを求める個人投資家が、ファンドをたくさん買ったんです。

私がいた証券会社でも、忌部のファンドのパフォーマンスの高さは最高の売り文句でした」

「俺もそんなファンドがあったらすぐに買いたいです！」

「でも、彼女のファンドは扱いが難しかった。少数の銘柄に厳選して投資しているので、どうしても価格のアップダウンが激しくなったのです。だから、目先の利益を求める投資家は焦って売ってしまったのです。それに……」

「それに？」

万賀の顔が歪んでいた。いつも前向きな万賀とは明らかに雰囲気が違っていた。

「証券会社としても、たくさん売買してもらった方が儲かります。私も恥ずかしながら、忌部のファンドをお客様にたくさん売買してもらって、営業成績を上げていました。株価が上がっている時にはバンバン買ってもらって、逆に下がったらすかさず別の投資信託に入れ替えてもらうのです」

証券会社は株価の下落も商売のタネにするのか。

「結果として、ファイブスター・ファンドを買った投資家はすぐに手放すことになりました。特にピークの時ほど多くの人が飛びついたので、その人たちの大部分の投資がマイナスという結果になってしまったのです。投資は本来『安く買って、高く売る』が正解なのですが、『高く買って、安く売る』になってしまうのです」

「あかりさんは、それを知っていたのですか？」

万賀の顔が紅潮する。少し酔ってきたようだが、どこか恥ずかしげでもある。

「忌部は……あれでいて根はとても純粋です。ある時私は会社の同僚たちと飲みに来ていたのですが、その中の一人が、彼女が一人で飲んでいることに気づきました。私たちは彼女の投信を売って稼いでいたので、感謝を伝えたかったんです。ひとしきり盛り上がっていたところで、同僚の一人が口走りました。

『でも、こんなにすげー投信なのに、ほとんどの客は損しちゃって。あいつら本当にどうしようもないよな』

『本園《もとぞの》、忌部さんの前でやめろって』

忌部はその話を聞くなり、黙り込んでしまいました。彼女はまさか、自分の投資信託でお客様が損をしているなんて、考えもしなかったのです」

「ひどいやつがいたんですね」

「波野さんも知っているはずです。『ゴッド』と言ったらわかるでしょうか」

「え、あのYouTuberの⁉」

「はい。忌部はその話を聞いて、悔しくて仕方がなかったようです。私は忌部を誘い、二人で店を出ました。

私は忌部に謝りました。同僚がひどいことを言って申し訳なかったと。でも彼女は、そんなことより自分の商品で損をしている人がいることに我慢がならなかったみたいで、ひたすら酒を呷《あお》っていました。酒がかなり回ってきた時に、忌部は私の目を見て言いました。

『私はこの仕事を辞めるぞ。哀れな個人投資家を徹底的に鍛えなおしてやる』

私は胸を打たれました。口は悪いですが、忌部の目はまっすぐ前を見据えていたのです。

『一緒にやりましょう！』

翌週には二人とも辞表を提出していました。それで、居抜きの病院を見つけて、今の診療所ができたというわけです。まあ閑古鳥が鳴いているのはご承知のとおりですが」

言葉とは裏腹に、万賀はとても嬉しそうだ。きっと彼も、自分の営業姿勢と個人投資家が損をしている状況に、我慢ならなかったに違いない。

「万賀さん、では俺たち個人投資家は、個別株投資でインデックスに勝てるんですか？」

「もちろん！　個人投資家は機関投資家と違って自由です！　投資リテラシーさえ身につければ、インデックスを上回ることは難しくありません。仙石さんがそれを証明してくれています」

仙石さん、あのユニクロのじいさんだ。そうだよな、そんな話もあった。やっぱり、個別株投資には夢がある。よし、俺も頑張ってやり手投資家を目指してやろう。

その日は二人で遅くまで飲み明かした。まとわりつく梅雨の空気が、その日は妙に心地よく感じられた。

解説

4

個人投資家が個別株に投資する意味

インデックスファンドは正解か？

インデックスファンドが人気です。２０２４年に始まった新ＮＩＳＡでは、投資額の上位を「オルカン」や「Ｓ＆Ｐ５００」をはじめとするインデックスファンドが占めています。

インデックスファンドの登場は、金融業界における「革命」でした。

投資に関する学術研究の大半が、人間が選んで投資するアクティブファンドより、あらゆる株式を機械的に盛り込んだインデックスファンドの方がパフォーマンスが良いことを示していたのです。１９７３年に発刊された『ウォール街のランダム・ウォーカー』（原題：A Random Walk Down Wall Street）は、今でも多くの投資家にとってのバイブルとなっています。

それを商品として定着させたのが、アメリカの運用会社であるバンガード社でした。1976年にアメリカのS&P500指数に連動する「Vanguard 500 Index Fund」を発売し、2008年には「Vanguard Total World Stock ETF」、今でいう「オルカン」を発売しました。

これらのインデックスファンドは手数料もアクティブファンドと比べて大幅に低額で、個人投資家にインデックス投資を定着させるきっかけとなったのです。

インデックスファンドのパフォーマンスはすこぶる好調で、ここまでの結果は学術研究を裏付けるものとなりました。日本の金融庁もインデックスファンドを事実上推奨し、「長期・分散・積立」という言葉は、金融教育のスローガンとなっています。現在のインデックスファンドブームは、これらの実績や制度が積み重なった結果として発生しているのです。

月間積立設定件数（成長投資枠＋つみたて投資枠）

2024/10/1～2024/10/31

順位	ファンド名
1	三菱UFJ-eMAXIS Slim 全世界株式（オール・カントリー）
2	三菱UFJ-eMAXIS Slim 米国株式（S&P500）
3	SBI-SBI全世界高配当株式ファンド（年4回決算型）
4	ピクテ-iTrustインド株式
5	大和-iFreeNEXT FANG＋インデックス
6	SBI-SBI・iシェアーズ・ゴールドファンド（為替ヘッジなし）
7	三菱UFJ-eMAXIS Slim 国内株式（日経平均）
8	SBI-SBI・iシェアーズ・ゴールドファンド（為替ヘッジあり）
9	SBI-SBI-フランクリン・テンプルトン・インド株式インデックス・ファンド
10	三菱UFJ-eMAXIS Slim 全世界株式（除く日本）

出所:SBI証券

VT（Vanguard Total World Stock Index Fund ETF）の価格推移

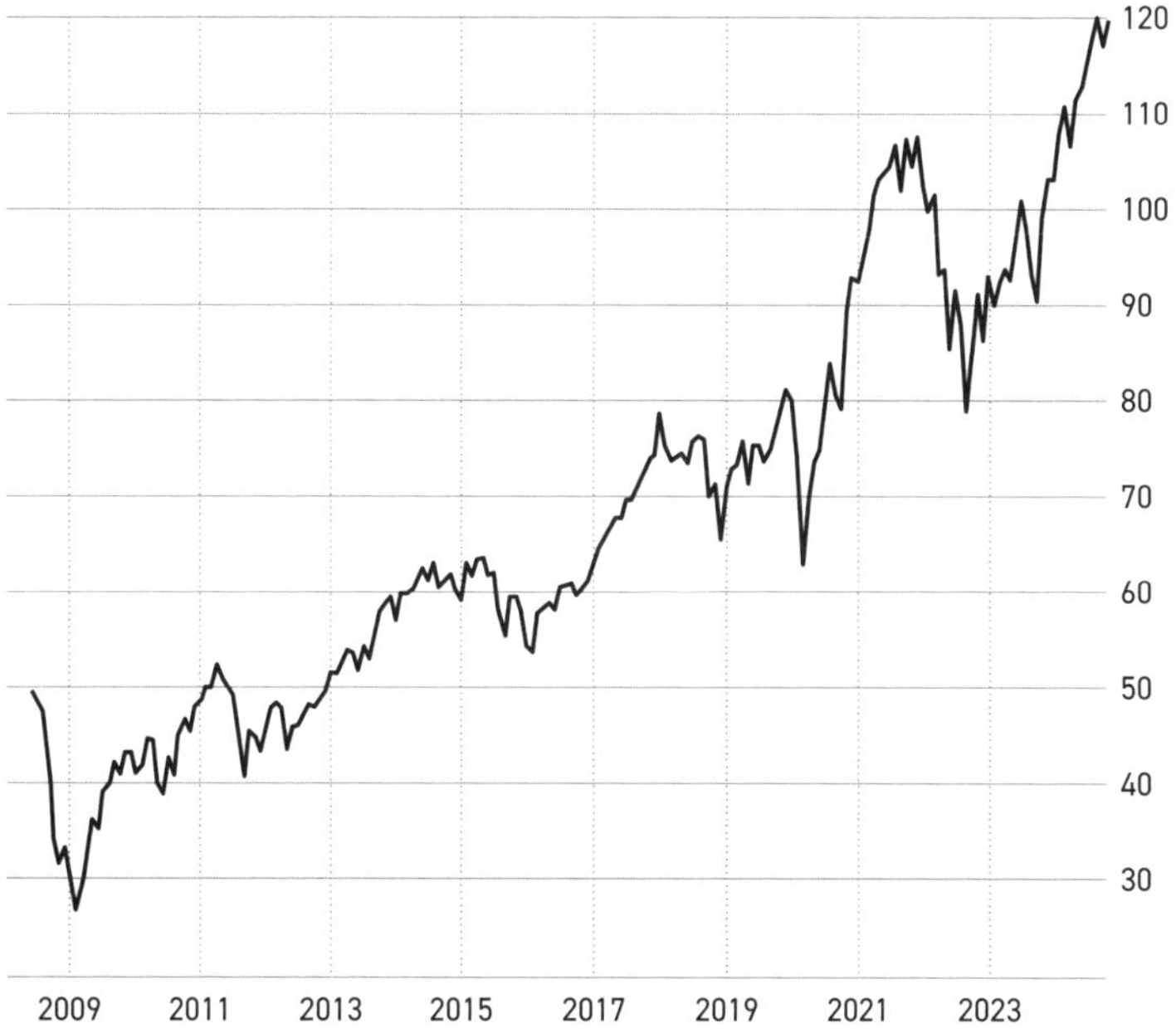

出所:TradingView

インデックスファンドに積み立てておけば大丈夫――それが最近の投資ブームの決まり文句でした。

ただし、すべてのアクティブファンドがインデックスファンドの成績を下回るかというと、決してそうではありません。話の中で何度も出てくるウォーレン・バフェットの生涯成績もインデックスを大きく上回っていて『ウォール街のランダム・ウォーカー』の中でもそのことについて触れられています。他にも、インデックスを凌駕するファンドはしばしば登場します。

すなわち、常にインデックスファンドが正解かというと、必ずしもそうとは言い切れないのです。

学術研究は、あくまで「統計的な結果」として、アクティブファンドがインデックスファンドの成績を下回ると言っているだけにすぎません。そして、統計には例外があります。私は、アクティブファンドの成績の悪さはある程度その特性で説明できると考えています。

そもそも手数料が高いので、その分マイナスからのスタートとなります（研究は手数料を考慮したもの）。また、ファンドマネジャーが短期的な実績を求められることから、例えば株価が下落している際には売って目先の損失を回避しなければならないなど、パフォーマンスを下げる要素が存在するのです。

逆に言えば、これらの特性を回避した投資ができるのであれば、インデックスを上回ることは十分に可能であると考えます。特に個人投資家なら、少なくとも「ファンドの論理」に振り回される必要はありませんよね。

バフェット以外でインデックスファンドを大きく上回る実績を残したものとしては、マゼラン・ファンドという投資信託を運用していたピーター・リンチの事例があります。

彼は１９７７年から１９９０年までの約13年間運用し、ファンドの資産を約１８００万ドルから約１４０億ドルに成長させました。年平均リターンは約29％という驚異的な成果です。バフェットからも一目置かれ、リンチが言った「花を摘み、雑草に水をやる」というフレーズはバフェットも大変気に入ったそうです。

しかし、このマゼラン・ファンドには後日談があります。ファンド自体はトータルで驚異的なパフォーマンスを残したのですが、ファンドに投資した人の実に7割は損失を出して終わったというのです。

おそらく、個人投資家の多くは「すごいファンドがある」という評判に飛びついて買ったものの、一時的な株価の下落に落胆し、売ってしまったのでしょう。実際に、リンチの運用は中小型株にも多く投資する「積極型」の投資だったので、価格の変動は非常に大きかったのです。それを知らずに買い、あっという間に大きく下がってしまったら、知識のない個人投資家はびっくりしてしまうでしょう。

このケースでうまくやるためには、ファンドが素晴らしいということに加えて、それを購入する個人投資家自身にも「リテラシー」が必要だったということになります。

つまり、マゼラン・ファンドを購入するなら、そもそも価格変動が大きいという特性を理解し、もし下がった時にはどうすべきかということを考えながら投資する必要があったのです。リンチは中長期的な目線で投資を行っていましたから、それを購入する投資家も同じ目線でなければならなかったのです。

このことは必ずしもマゼラン・ファンドに限った話ではなく、インデックスファンドについても同じことが言えます。そもそも株式にはどのような性質があり、どんなことに注意が必要なのか。最低限その知識を持つことが、ファンドをうまく使いこなす秘訣と言えるのです。

それは必ずしも、投資について専門家のように深く理解しなければならないということではありません。

例えば、普段車に乗る人でも、エンジンやハンドルの仕組みを詳しく理解しているわけではありませんよね。一方で、少なくとも「こうやって運転する」「こういうことをしてはいけない」という運転方法を教習所で教わり、免許を取得します。金融リテラシーとは、自動車でいうところの運転免許を持つことです。車の運転と同じように、投資を始める人には最低限の「教習」は必要だと言えるのです。

選んではいけない投資信託とは？

インデックスファンド、アクティブファンド、個別株……どれを選んでも決して間違いとは言えないのですが、アクティブファンドについて言えば「それはやめておいた方がよい」という選択肢があります。その特徴は明白なので、ぜひ「リテラシー」の第一歩として覚えておいてください。

その特徴に入る前に、まずはファンドというビジネスの仕組みを理解することが重要です。ファンド＝投資信託です。これは、運用会社が設定し、証券会社や銀行などの販売会社が販売します。

ビジネスですから、そこから手数料を獲得することで成立しています。その手数料というのが、大きく分けると「販売手数料」と「信託手数料」です。

販売手数料とは、投資信託を買った際にかかる手数料で、何回も売買するとそれだけたくさんかかってきます。一方、信託手数料は、投資金額に年間数%という料率で投資金額から引かれています。

少し古い話ですが、証券会社では「回転売買」という販売方法が横行していました。投資信託を何度も乗り換えさせることで、販売手数料を稼ぐ手法です。

「良い投資信託がある」と話を持ち掛け、上がったら「そろそろ売り時ですよ」と次の商品を勧め、下がったら「前回のは旬が過ぎたので次に乗り換えましょう」と言って、これまた販売手数料を稼ぎます。

顧客が投資信託を売って損が出ても証券会社の懐は全く痛みません。顧客が儲かることよりも、何度も売買させた方が証券会社は儲かるのです。

手数料を稼ぐために、証券会社系列の運用会社は「売れやすい」投資信託をどんどん作ります。特に売れやすさの特徴となるのが、その時々に流行っているテーマを冠したものです。今でいうなら「ＡＩ」や「グリーン」といったものが個人投資家に受けるテーマでしょう。これらの商品を次々に出すことで、個人投資家の関心を引きつけます。

しかし、このような「テーマ型投信」は設定される時にはすでに株価が大きく上がり、中にはバブル的に上昇しているケースもあります。したがって、「新たに設定された時がピーク」ということが珍しくないのです。やがて時期が去ると、投資信託の運用自体がおろそかになり、そのまま放置されます。

このようなことが繰り返され、日本の投資信託の設定本数は米国に比べて異常に多くなってしまっているのです。

もちろん、中には長期的なテーマとなり、長く成長を続けるものもないわけではありません。しかし、多くはそうではないということを理解する必要があります。

良い投資信託とそうではないものを見分けるポイントとしては、今述べたような「テーマ型かどうか」ということの他に、「運用期間」や「純資産額」、そして「手数料の高低」も見極めのポイントとなります。

運用期間が短く純資産額が小さい投資信託は、これから販売したい意図が強いものと考えた方がよいでしょう。また、販売手数料の高いもの（例：３％以上）にも注意が必要です。

ちなみに、インデックスファンドは一般的に販売手数料はゼロ、信託手数料は0・1%程度なので、この比較からもインデックスファンドのありがたさが浮き彫りになってきます。

逆に、良いアクティブファンドの条件としては「手数料率が良心的」「運用者の顔が見える」「投資哲学が明確」などの特徴があります。

特に、独立系運用会社（証券会社に依存しない運用会社）は回転売買させる意味がないので、同じ商品を長く持ってもらうことが重要になります。したがって、あくまで比較感で言うなら、投資家に寄り添った商品となる可能性が高いと言えます（もちろん実力はまちまちということになりますが、そこは投資家の「目利き力」が試されるところです）。

ただし、どんなに良い投資信託を選ぼうと、結局は運用者に任せることになり、自分でコントロールできる範囲には限界があります。それではいやだ、という方はいよいよ個別株を自分で選んでみることになるのです。自分でやる分には、ネット証券の発達と手数料競争により今では名実ともに手数料は「ゼロ」になりました。これまでに説明した通り、ファンドの論理に付き合わされる必要はありません。その結果として、バフェットのようにインデックスファンドを大きく上回ることもできるのです。個別株にはそれを自らの手で叶えられる夢があります。

では、今度はその個別株をどのように選んだらよいのでしょうか？

もし個別株投資を始めたら、あなたも波野のようにどこかで必ず悩むことになるでしょう。しかし、それは一人前の投資家になるための「成長痛」です。それを乗り越えた先にはきっと仙石さんのような〝達観した姿〟を実現できるのです。そんな姿を目指して波野と一緒に成長したいと思う方は、早速次の話に進んでください。

第5話

決算が良いのに株価が下がるのはどうして?

湿りがちだった6月の相場は、7月に入って一度は落ち着きを取り戻したかに見えたが、なお不安定だ。快適な陽気が続いたかと思ったら、急に土砂降りがやってくる。

もしかしたら、最近多発する「ゲリラ雷雨」みたいなこともいつか起きるかもしれない。しかし、それは投資家にとってむしろチャンスだと万賀に教えられた。だったら、その時が訪れるのが今はむしろ楽しみだ。株が下がるのを楽しみにしている投資家なんて、どうかしているだろうか。

もちろん、株価が上がるのは、それはそれで気持ちの良いものだ。俺が買ったバンナイも、一時は含み損だったが、今では15%前後のプラスで推移している。俺の見方は間違っていなかったのかな。

万賀と飲んでから、個別株投資にますます熱が入り、次々にいいと思う企業を買っていった。今ではバンナイも含めて5銘柄を保有している。

６００万円あった資金のうち、３００万円までは使った。２００万円くらいは「ゲリラ雷雨」の時のために残しておいた方がいいかもしれない。

妄想が膨らむ日々が続いてきたが、まもなく大きなイベントがあることを万賀に教えられていた。そう、決算発表だ。上場企業は四半期ごとに決算を発表する。

3月期決算の企業だと、決算期の締めは3、6、9、12月であり、その発表は1～1・5か月後に行われる。バンナイも3月期決算で、次の決算発表は7月28日だ。

バンナイは過去5年、増収増益の決算が続いていた。きっとこの決算でもいい数字が発表されるに違いない。何より、毎日出勤時に見る駅前の書店のガチャガチャコーナーは、いつも若者で賑わっていた。俺は大きな期待に胸を膨らませていた。これが投資家になるということなのか。

7月28日。ホームページによると、決算が発表されるのは取引が終了した15時30分ということだ。会社にいる間もそわそわして落ち着かず、何度もトイレに駆け込んで、ネットの掲示板を見てしまっていた。

〈今日はいよいよ決算発表。まあバンナイなら今回も余裕でしょ〉

〈決算が発表されたら、売り豚は丸焼きだね〉

〈バンナイの決算ガチャは当たりが出やすい。さすがにわかってる〉

15時30分。もちろん俺はトイレでスタンバイ。ホームページをリロードするとすぐに決算短信のリンクが表示された。

決算は「決算短信」というＰＤＦファイルで確認できる。最初のページを見れば、売上高や営業利益、純利益といった数字と、それぞれが前期に比べてプラスかマイナスかということを確認できる。バンナイの業績は……。

増収増益！

売上高は２・６％増、営業利益は３・０％増だ。思わずガッツポーズする。良い決算が出たのだから、きっと株価も上がるだろう。意気揚々と個室のドアを開け、仕事に戻る。明日の株価が楽しみで仕方ない。

しかし、その希望は翌朝脆《もろ》くも打ち砕かれることになる。

いつものように朝の課会を終えて株価をチェックすると、自分の目を疑った。

マイナス12・６％。

一日の下落率としてはトリリオンバイオ以来の大きさで、含み益が一気に吹き飛んでしまった。思わぬ出来事に、またトイレに駆け込む。今度は本当にお腹も痛い。

何度株価を見ても、マイナスは解消されない。表示が間違っているわけではなさそうだ。

掲示板は異様な盛り上がりを見せていた。

〈決算またぎしなくてよかった～〉

〈誰だよ、ここの決算が良いなんて言ったやつは。騙された！〉

〈ここ買ったやつ、マジでセンスないから株やめた方がいい〉

買わなくてよかったという声、買って失敗したという声、会社に対する罵詈雑言《ばりぞうごん》。とても大人のコミュニティとは思えない投稿が飛び交っているが、肝心の下落した理由はどこにもない。一体何が起きたというんだ⁉


「私はドラえもんじゃないんだよ、クソのび太が」

忌部に対面するなり、出会い頭の一発をかまされた。しかし、今の俺にとってはドラえもんだろうがジャイアンだろうがすがりたい気分だった。

「決算は自分で読みました。でも、悪いところは特に見当たらなかったんです。何で下がってるんでしょうか？」

「株価が下がるのは、どういう時だ？」

「売りが多く出る時……ですか？」

「そうだ。じゃあ誰が売ってると思う？」

「誰って……ファンドとか、機関投資家ですか？」

「そう。やつらの9割は、目先の株価ばかりを気にしている。半年や1年の成績が悪いと、クビになっちまうからな」

「厳しい世界ですね。でもそれと株価とどう関係あるんですか？」

「やつらは長い時間をかけた『投資』とは、違うゲームをしている。目先の投資成績を良くするために、少しでも周りを出し抜こうとしてるんだ。決算は、他人を出し抜こうとするには絶好のイベントなんだよ」

「……どういうことですか？」

「飲み込みの悪いやつだな。のび太ですら道具をやったら悪知恵の一つも働かせるっていうのに。いいか、決算に対する反応なんてのは、目先の株価を予想するゲームにすぎない。企業の実態は、そんなものだけでは測れないんだよ」

「でも、俺たちが今見ているのは紛れもなく企業の実態の数字ですよね⁉」

「たった1回、四半期の決算でその会社の本質が変わるとでも？」

「それは……」

忌部の鋭い視線に言葉が詰まる。

「でも、投資家は決算を見て何かしら『良かった』『悪かった』って判断してるんですよね？　その基準は何なんですか？」

「強いて言うなら『コンセンサス』だな」

「コンセンサス？」

「コンセンサスは『総意』、つまりアナリストが予想する業績の平均値だ。短期的な投資家は、決算がこれを上回ったかどうかを基準にする」

「そのコンセンサスって、どこで見られるんですか？」

「証券会社のページにあったりするかな。でも、曖昧なもんだよ。要するに、各証券会社のアナリストが出してる業績予想を単純に平均したものだから、それ自体に意味はない。特に、担当しているアナリストが少なければ、『総意』どころか単なる少数意見ってことにもなりうる」

「バンナイの場合はどうだったんでしょうか？」

「ちょっと待てよ、私は普段コンセンサスなんて見ないから。あー、あったあった。この証券会社にあるやつだと、一応アナリストは13人いて、今回の決算はほぼコンセンサスピッタリだったみたいだな」

「え、ピッタリ？　下回ったんじゃないんですか？」

「だから言っただろ、心理戦だって。ここのところバンナイの株価はどうだった？」

「順調に上がっていました。でも、今回の下落で帳消しです」

「そう、バンナイに対する期待は上がっていた。つまり、投資家はコンセンサス『以上』を期待したんだろうな。でも、それを達成することはなかったから『期待はずれ』ということで売られたんだ」

「期待はずれ……何だか投資家って勝手ですね。そのあたりの温度感を読むコツってあるんでしょうか？」

「お前さ、モテないだろ？」

「え？」

「ここで言う心理戦っていうのは、周りの人間の気持ちを読みまくって、ビクビクしながら右に行くか左に行くかを決めるってことなんだよ。クソみたいだと思わないか？」

「確かに……そういうのはサラリーマンで散々やってますから」

「だろ。そんなみみっちい投資は、しょうもないやつのやることだ。ドンと構えるんだよ。企業に投資するっていうのは、その企業のオーナーになるってことだ。『自分軸』で物事を考える。周りなんか関係ない。だいたい、店のオーナーがちょっとしたことでその店を手放したりするか？」

オーナー。何か素晴らしい響きだ。

「確かにそうですね。ちょっと数字が悪かったくらいで売ってたら、オーナーとは言えないですよね。ということは、決算は見なくていいんですか？」

「見なくていいは違うな。もしあんたがカフェのオーナーだったら、どうする？」

「客の入りとか、ちゃんと接客できてるかとか、とにかく気になって逐一見ちゃうと思います」

「そういうことだ。上場企業をいちいち見るのは難しいから、投資家は決算をチェックするしかない。そして、決算の数字と内容が良ければ、また次の決算でチェックすればいいんだよ」

「もし悪かったら？」

「その時は改めて考えないとな。一時的にミスっただけなら仕方ないが、いつまでもダメな店のオーナーで居続けるわけにはいかない。店を閉める決断は自分にはできないから、誰かに譲ってしまうことだな。それが『損切り』だ」

なるほど。決算はあくまで企業をモニタリングするためにあるのか。

「そういえば、あかりさん『ファイブスター・ファンド』のファンドマネジャーだったんですよね」

「ああ、昔の話だが」

「ファイブスターの由来って」

「おい、二度とその話をするんじゃねえぞ。もう終わったんならさっさと帰れ」

「うっ」

あまりの剣幕に返す言葉がなかった。

やっぱりファンドマネジャー時代の話は禁句なのか……。


診察が終わって待合室に戻ると、本棚にある本が目に入った。

『バフェットの経営術――バークシャー・ハサウェイを率いた男は投資家ではなかった』（パンローリング）。

経営術？　バフェットは投資家だけど「経営」ってどういうことだ？　思わず本を手にとって、パラパラとめくってみると、ある言葉が目に入ってきた。


チャーリーと私は、株価の変動によって自分たちが金持ちになったとか貧乏になったとは考えませんが、業績を見れば金持ちになったとか貧乏になったかを感じます。また、自分の会社にどれくらいの価値があるのかとは考えますが、株価は気にしません。株価は私たちにとって、何の意味もないからです。

確かに、バフェットも忌部と同じことを言っている。

バンナイの業績は何度も確認したが、決して悪くない。しかも、アナリストの予想からも下振れしているわけではない。そうなると、株が下がっているのは、単なる目先の株価を予想するゲームの影響にすぎないということか。

バンナイのＰＥＲは、今20倍だ。決して割安ではないが、割高というわけでもない。だとするなら、決算で下がった今は、むしろ買い時ではないだろうか。少なくとも俺がバンナイのオーナーだったら、せっかく業績が伸びてるのに手放したりはしないだろう。

「悩みは解消されましたか？」

万賀が話しかけてくる。

「まだわかったような、わからないようなという感じです。でも悩みって、こんなものかなと。万賀さんは悩み、ないんですか？」

「そうですね、悩みといえば……いまだにここに人がほとんど来ないことでしょうか」

ふと周りを見渡す。そう言えば、先日の仙石さん以来、他の患者を見たことがない。もちろん、今この待合室にも俺と万賀以外、全く人がいなかった。

『診療所』ですから、積極的に営業をかけていくスタイルでもないと思いまして。一応タウンページには電話番号を載せているんですが」

タウンページ？　この時代に？　クレバーな万賀だと思っていたが、もしかしたら頭の中は昭和で止まっているのか？

「集客……そうだ！　YouTubeをやってみるのはどうですか？　俺も投資のこと調べようと思ったら見ますし、それに俺の大学の同期に動画の編集やってるやつがいるので、紹介しますよ」

「YouTubeですか、面白いかもしれません」

「スマホ一つあれば撮れるので、撮影は協力しますよ！　ここが賑わってくるといいですね。ゴッドを超えてやりましょう」

万賀の眉がぴくりと動く。どうやら、「ゴッド」という言葉に反応したようだ。

「そうですね。初期コストもそんなに掛からなそうですし、やってみる価値はありそうですね」

「今度そいつに話聞いて、やり方を考えましょう。いやぁ、何だか楽しくなってきた」

この診療所をYouTubeでどう宣伝しようか。そう考えると一つの疑問が頭に浮かんだ。

「あの、あかりさんとしては、やっぱり『ファイブスター・ファンド』の話はNGなんでしょうか？」

「その話ですが……」

万賀が耳打ちで話す。

「『ファイブスター』の由来は、あかりさんの名前なんです。『星』と書いて『あかり』。でもあかりさんはその読み方がキラキラネームだというので、ひどく気にしているんですよ」

なんとそんな理由だったとは。あかりさんも実は可愛いところがあるんだな。

自宅への帰路で考える。自分の知っていること、オーナー……。

そう言えば、うちの会社の取引先に「すごい会社」と思えるところがあった。「味満堂」という会社だ。かければどんなものでも美味しくなる調味料を開発し、一般向けの様々な食品を販売している。

スーパーに行けば必ずその商品を目にするし、最近は海外進出にも積極的だ。俺も海外駐在の時には商社マンとして海外進出の手伝いをしていた。社員の人たちは真面目で、しかも目を輝かせて仕事に取り組んでいる。こんな会社のオーナーだったら、幸せだろうな。

そうか！　これだ‼

何かが自分の中に降ってきた。味満堂は上場企業だ。つまり、株を買えばこの会社のオーナーになれるということだ。

家に帰って、味満堂について調べる。業績は順調に右肩上がりで、ＰＥＲは23倍。割高とは言えない。やはり海外での売上が伸びていて、業績の伸びに貢献しているようだ。

よし。

翌週、株価が下がったバンナイと味満堂の株を結構多めに買った。心は非常に晴れやかだった。これがあんなにも大きな話に発展することとも知らずに。

解説

5 投資家たちは決算のどこに注目しているのか？

決算発表は「お祭り」だ

「決算発表」と聞いて、あなたはどんなことを思い浮かべますか？

決算ギャンブル、コンセンサス、上方（下方）修正、決算発表を機にその銘柄の動きがガラッと変わることも珍しくありません。

非常に曖昧な情報が飛び交う株式投資において、決算は確かな情報がまとまって出てくるイベントです。逆に言えば、決算発表前は情報に対して厳戒態勢が敷かれるので、嵐の前の静けさといったところがあります。決算は投資家にとって「お祭り」とも言えるものです。

それでは、投資家たちはそもそも決算の何を見て「良かった」「悪かった」を判断しているのでしょうか。物語の中でも出てきますが、単純に「増収増益かどうか」といったことだけで株価が動くわけではありません。それを端的に表しているのが、決算発表ニュースでしょう。

【トヨタが後場一段高、24年3月期純利益は前期比61％増の3兆9500億円に増額修正】

トヨタ自動車〈7203〉が後場一段高。同社は午後1時55分に決算発表を行い、24年3月期の**連結業績予想の増額修正を発表した。**営業収益は、従来予想の38兆円から43兆円（前期比15・7％増）に、純利益は2兆5800億円から3兆9500億円（前期比61・1％増）に見直された。**市場では純利益は3兆5800億円前後への見直しを予想する見方が多かった。**今期の想定為替レートは1ドル＝141円（従来125円）に修正された。為替の円安に加え収益改善の努力が奏功した。また、6000万株（発行済み株式数の0・44％）、1000億円を上限とする**自社株買いも発表。**取得期間は11月2日から24年4月30日まで。更に1株当たり30円（前年同期比5円増）の中間配当も実施する。

第２四半期（４～９月）の営業収益は21兆９８１６億１７００万円（前年同期比24・１％増）、純利益は２兆５８９４億２８００万円（同２・２倍）だった。

出所：MINKABU PRESS　２０２３年11月１日

引用のトヨタ自動車決算発表のニュースでは、実際の決算より前に今期の業績予想の話が来ています。これが機関投資家をはじめとする多くの市場関係者の見方です。さらにその業績予想が「市場では～を予想する見方が多かった」といいわゆるコンセンサスとの比較が示されています。

また、このニュースの中では「自社株買い」についても触れられています。決算発表のタイミングでは決算以外にもこのような資本政策や経営計画に関する重要なニュースが発表されることがあり、決算と同じように注目を集めます。

自社株買いのように、株主還元に関する発表は好意的に受け止められることが多いと言えますが、逆にそれが期待されたものではないと「失望売り」につながることもあるため、やはり「事前の期待」というのは推し量っておく必要がありそうです。

保有している銘柄の決算発表に関するニュースをしっかりと見ることで、投資家としてどのような観点でその企業の決算を見たらよいかが鍛えられます。特に、「良い決算だったはずなのに、株価が下がった」というケースは、市場がその企業についてどう見ているのか学べることが多くあります。

また、単に決算直後の動きを見るだけでなく、その後の動きまで見て判断することも忘れないようにしてください。直後は反射的に動くことも多く、もしかしたらＡＩが機械的に反応しているだけかもしれません。そのようなことがあるからこそ、決算後の下落はチャンスになることも珍しくないのです。

「決算またぎ」はギャンブルか？

決算の株価に対する影響を事前に予測することは、非常に難しいと言わざるを得ません。良い決算が出ると考えても、その結果はすでに「織り込み済み」の可能性も高く、そうなると予想通りの結果が出たとしても株価が下がることがあります。

すなわち、決算を予想して取引することは文字通り「ギャンブル」なのです。

それでは、決算をまたいで株式を持ち越すこと（「決算またぎ」と言います）は、ギャンブル的な取引だと言えるのでしょうか。特に長期投資では、当然ながら3か月に1度の決算またぎをしなければならないことになります。

決算を受けて株価が大きく動く可能性があることは、事実として受け止めなければならないでしょう。しかし、それをギャンブルにしない投資方法だってあるのではないかと思います。

例えば、プロ野球の打者の成績を予想する場合を想像してみてください。打席ごとに「ホームランが出る」「ヒットが出る」「凡退する」などを当てることができるでしょうか。どんなに優秀な解説者であれ、それは難しいでしょう。

一方で、シーズンが終わった時の大まかな成績は、そこまで大きく外さずに予想できるのではないでしょうか。例えば、現役時代のイチロー選手なら打率3割は打つだろう、大谷翔平選手ならホームラン30本は堅いだろう、という具合です。

打席ごとでその結果を予測するのは難しいですが、それを重ねれば重ねるほど、良い選手ならヒットやホームランが多くなるのです。最終的に、トータルでの成績が評価され、選手としての価値が決まってきます。企業もそれと同じで、「良い企業」なら「良い決算」を積み重ね、やがて株価も上昇していくのです。

もしあなたが、1回の決算が悪かったという理由で株を売っていたとしたら、それは大谷翔平選手が1打席チャンスで凡退したからと言って、彼をチームから手放してしまうようなものです。それがいかにもったいないことであるかは、彼の活躍を見るとよくわかるでしょう。投資にはやはり粘り強さが求められます。

いっそのこと考え方を変えてみましょう。あなたと同じように、決算を受けて株価が下がった銘柄に対して多くの投資家が失望しています。中には、「クソ株」と悪態をつきながら投げ売りする人もいるでしょう。もしそこで売られた企業が、実はイチロー選手や大谷選手のように素晴らしい企業だとあなたが考えるなら、そこで売られた株を安値ですかさず買い集めればよいのです。企業を見る目があるなら、その行動はやがて大きな見返りをもたらすことになります。

私のお客様でも、最初は「良い企業」だと思っていながら、1回の決算が悪かったり、株価が下がると狼狽《ろうばい》売りしてしまう人がいます。それは非常にもったいないことです。長期投資を志すからには、どうか辛抱強くあって欲しいと思っています。

もちろん、毎回期待を下回る決算を出してくるなら、それはいよいよ企業の見方が間違っている可能性があるので、考えの修正を図る必要があるでしょう。決算が悪かった理由は何なのか、それをもたらしている根本的な原因は何なのか。その意味で、決算は一度ゼロからその企業のことを考えてみるきっかけとなります。

自分の考えが正しいかどうかを試されながら、それが正しければ株価はどんどん上昇していく。そう考えると、株式投資はとても楽しいゲームだと思いませんか。私自身も、株式投資は「最高の知的ゲーム」だと感じています。スマホゲームに課金するように、どんどんお金をつぎ込んでしまうかもしれません。

しかし、あなたはある時ふと気が付くことになります。現金が残っていないのです。現金がなければいざ株価が大きく下がった時に投資する資金がありません。それに実生活にも影響を与えてしまう可能性があります。

次のお話では「現金をどのくらい持つべきか？」という、個人投資家の皆様からよく寄せられる疑問を解消します。

第6話

現金は何%くらい持っておくべきですか?

ここのところは投資が楽しくて仕方がない。やはりあの時バンナイを買い増したのは正解だったようだ。

決算で一時下落した株価は、そこから3か月で40%も伸びた。アーケードゲームの「パチモン バトルフィールド」が大ヒットしていて、第2四半期の決算でそこからかなりの利益を出していることが明らかになったからだ。200万円分買っていたから、この1銘柄で80万円儲けたことになる。

その他の銘柄も、好調な相場も手伝って合計50万円くらいの含み益が出ている。トリリオンバイオで失った400万円のうち、130万円を取り戻したということになる。この調子だと、トータルでの損失を解消する日は遠くないかもしれない。

だが、焦ってはいけない。ここで一発勝負に出たりすると失敗してしまうことは、診療所での話や数々の本から学んだ。あくまで俺の投資は企業の「オーナー」として良い企業を買うまでだ。

待てよ……。俺は気づいてしまったかもしれない。今は600万円の元手で投資しているが、元手が増えたらもっと利益が出るはずだよな。決して一発勝負ではなく堅実な投資を行っているわけだから、それってすごく合理的じゃないか？

先日読んだ本を思い出した。『JUST KEEP BUYING 自動的に富が増え続ける「お金」と「時間」の法則』という本だ。投資で効率よく資産を増やすには、とにかく早いうちから資金を株に投じた方がよいということが書かれていた。

フルポジとは、「フルポジション」。すなわち、現金を持たず資金を株に突っ込むことである。

俺は今「フルポジ」なのだろうか？　確かに、元手として残っていた600万円の大部分は投資した。しかし、これはあくまで海外駐在で得た余剰金で、貯蓄は他にもあるじゃないか。これを投資すれば、損失を取り戻すだけじゃなくさらに増やせるかもしれない。ようし。

思い立ったが吉日。俺はすぐに計画を実行に移した。まず、口座に500万円があったので、それをすぐに証券口座に移した。それから、今毎月の手取り60万円のうち20万円を投資に回すことにした。そこから住宅ローン返済額の20万円を引くと、残りは月20万円。家族3人なら何とかやっていけるだろう。

俺は、そうやって捻出した資金をどんどん投資に回していった。「企業のオーナーになる」という考え方が身についてから、投資することは怖くなくなっていた。良い企業に投資していれば、目先の株価が悪かろうとやがて報われる。そう信じて疑わなかった。

ある日の朝、サユリが不安そうな顔で話しかけてきた。

「ねえ、昨日お金を下ろしたら、口座に残高がほとんどないんだけど……」

ついに話す時が来た。これまで株式投資のことは黙っていたが、ここまで来たら話さないわけにはいかない。

「ああ、お金はほとんど投資に回した。心配しないでくれ。いい投資の先生についてもらって、利益を出せるようになってる。どうせ利益が出るなら、少しでも早い方が複利効果*で大きく伸びるというわけだ」

「複利効果？」

「ああ。あのアインシュタインも『人類最大の発明』と絶賛したやつだ。うちもそれを存分に発揮して、やがては大金持ちになれるんだ」

「そうねぇ、でも今の残高だと、ミサキと約束してる年末年始のハワイ旅行に行けないいんじゃない？　どうするの？」

「そんな約束もしてたかな……悪いが、あれはナシだ。ここを我慢すれば、将来もっと金持ちになれるんだ。まあ、今年は草津温泉にでも行ければいいんじゃないか」

「えーお父さんの嘘つき!!」

ミサキの猛反発の声が聞こえてくる。

「あのな、ミサキ。俺はお前のためを思って言ってるんだ。大金持ちになりたいだろ?」

「投資もいいけど、約束を守ることも大切じゃない? 投資するお金があるんなら、せめてハワイは行きましょうよ」

「そう言えばサユリ、この前オーストラリアから、何万円もするハチミツを取り寄せてたよな。いくらハチミツが体に良いからって、無駄遣いはなしにしろよ。あのバフェットも、倹約を極めて世界一のお金持ちになったんだ」

「無駄遣いって……私はミサキやあなたの健康のことを思ってそうしてるのよ。ねえ、お願いだからもうちょっと余裕を持った生活をさせて」

「なんだと、稼いでるのは俺なんだ。文句あるのか!」

サユリは黙った。ミサキもため息をついて、何も話さなかった。俺も、その後言葉をつ

＊ 複利効果:利子や利益が元本に加算され、それが次の計算期間における新たな元本として扱われることで、資産が時間とともに加速的に増加する現象。

なぐこともなく、家を出た。二人に良い思いをさせようと投資計画を立てたんだが、それを否定されたら気分が悪い。これだから金銭感覚のない主婦は困る。

俺はその後も、気に入った複数の銘柄に投資を続けた。投資に回す現金はもうほとんどなくなっていた。


サユリやミサキとは、しばらく口をきかない日が続いた。どうにも居心地が悪い。飯を食ったらすぐに書斎に引きこもり、投資のことを調べる日々が続いた。

「調べる」と言っても、あまりやることがなくなってきた。現金はもう残っていないから、新たに投資する企業を探そうという気にはならない。何となく投資先のホームページを見たり、あとはダラダラとYouTubeを見て過ごしていた。

YouTubeで投資関連動画のサムネイルを流し見していて気がついたことがある。それは、やけに多くの人が「暴落が来る」可能性に言及していることだ。でも、足元の相場は堅調で、これが崩れるなんて思えない。きっと大丈夫だろうし、もし下がったらさらに買うまでだ。

ん、買う？　そう言えば、今俺に投資の余力はない。もし暴落が来たら、どうしたらいいのだろう？　買おうにも買えないじゃないか？

そんなことが気になり「暴落に備える方法」というサムネイルの動画をクリックする。

『暴落は必ずやってきます。そのために、資金の30％は現金で持っているようにしてください』

『バフェットも言っています。「潮が引いた時に、誰が裸だったかわかる」バフェット自身も現在多額の資金を現金のまま保有しています』

『現金があれば、生活の「いざ」という時に備えることができます。株価が低い時に株を売らなければならなくなると、損失を被ってしまいます。Cash is King です』

動画を見ていると、冷や汗が止まらなくなってきた。今の俺に現金の余力はない。もし暴落が来たら、どうしたらいいんだ？　損が出ている時にお金が必要になったら、大損を確定しなければいけないってことになるじゃないか。

ふとサユリとミサキの顔が浮かぶ。果たして、俺の「フルポジ」戦略は正しかったのだろうか？

そんな時、ＬＩＮＥが来た。

『万賀です。YouTube の第１回の動画を公開したので、見てもらえますか？』

そうか、診療所もYouTubeを始めるんだった。見ると、万賀が神妙な表情で「株価と企業価値」について語っている。

内容が堅すぎて頭に入ってこなかった。言っていることはこれまで俺に教えてくれた真っ当なものなのだが、YouTubeではこういうのはスルーされがちだ。このままの方向性では厳しいかもしれない。

それよりも、今の俺にとっては現金比率の問題が重要だ。久しぶりに診療所に行くタイミングになったということかもしれない。

『拝見しました。ところで、明日診療所あいていますか？　相談したいことがあります』

『はい、私も波野さんに会いたいと思っていました。いつでもどうぞ！』

嬉しい話だ。俺にとって診療所は、今や本当になくてはならない存在だ。

「そんなことてめぇで考えろよ、ゴミ虫が」

〝なくてはならない存在〟にこう言われている、俺は一体何なのだろう。

「なんかこう、セオリーみたいのがあるんじゃないんですか？　相場の過熱感が高まったら現金比率を高めるとか」

「ねぇよそんなもん。あるとしたら、『マイルール』だけだ。いいか、相場の先行きなんて、誰も読めやしないんだよ」

「でも、上手い人は、暴落の前に現金比率を高めてうまくやってたりするじゃないですか。そこに何か共通点があるんじゃないですか？」

「お前の言う『上手い人』が誰を指してるのか知らねぇが、もしそうだとしたら、たまたまだよ。確かに、うまくいったやつは後づけで『こうなることがわかってた』と言うかもしれない。でも、その裏には『今度は下がるかも』と思って売り、かえってその後の上昇に乗り遅れたやつが山ほどいるんだよ」

「でも、あかりさんはファンドマネジャー時代に暴落に備えて現金を多めに持っていた話を聞きましたよ」

「それはファンドっていう縛りがあったからだ。個人投資家にはあまり関係のない話だ。個人投資家は資金を引き出されることもないし、いざとなったらどこかから金をかき集めてくることだってできるだろ。そんなことより大事なのは、株価が下がっても信念を持って保有し続けることなんだよ」

「どうしたらそこまで達観した心境になれるんですか？」

忌部はふと視線を落とし、何か考えているようだ。

「あえて言うなら『未来を信じる』ってことだな。相場にいると、いつ何が起こるかわからないということを散々思い知らされる。でも、今ある企業はあらゆる困難を乗り越えてきた。それを見ると、未来はなんとかなるって思えるだろ。だから、私は相場がどうなろうと、イモ引いたりはしないよ」

「じゃあやっぱり『フルポジ』が正解ってことですか？」

「だからてめぇで考えろっつってんだろ。結果としてフルポジになるかどうかは、懐状況次第だよ」

懐状況……そう言えば、今のうちの状況を思い出した。お金がないわけではないのに、投資にお金をかけたせいで我が家の懐は寒い状況になっている。

「そういえば、今妻とケンカしてるんです」

ついプライベートの悩みが口をついて出た。

「そんなこと私に言ってどうすんだよ。夫婦喧嘩は犬も食わねぇよ」

「実は、俺が投資に金を回すあまり、年末年始で計画してたハワイ旅行に行かないことになったんですよ」

忌部の顔色が変わった。それは、今までに見たことのないほど、睨みつけるような視線だった。

「奥さんと娘さんは納得してるのか？」

「いやぁ、娘も不満そうです。お陰で家の中では四面楚歌……」

バシン‼

一瞬の出来事で、目の前が真っ白になった。忌部が俺の顔面をはたいたのだ。相当な力で。

「何するんですか‼」

「お前の幼稚な考えに、腹が立ったんだよ！」

「あかりさん、抑えて抑えて」

診察室の外にいた万賀が慌てて入ってきて、忌部をなだめた。一体何が起きているんだ？

「波野さん、とても大事なことですから、よく聞いてください。私たちが診療所を立ち上げた、ある意味本当の目的でもあります。忌部は、人生で二度の離婚を経験しています。一度は両親の、そして二度目は……自分のです」

「ここからは自分の口から話してもらった方が良さそうですね」

万賀に促されると、ため息をつきながらバツが悪そうに忌部が話し始めた。顔が紅潮していた。

「え……」

「……私の親父は、いわゆるエリートだったんだ。でも、普段は仕事で出ずっぱりで、あまり遊んでもらった記憶はない。給料もよかったはずだが、あいつはケチで、家にほとんどお金を入れなかった。家族旅行はおろか、誕生日のプレゼントすらもらった記憶がない。

そんな感じだから、家庭もうまくいかなくて、私が10歳の時に離婚した。養育費や財産分与も僅かだった。だいぶ貯め込んでたと思うんだが、隠していたんだと思う。母も強く出られなかったみたいでな。

貧乏に育ったから、いつか見返してやると思って、勉強してそこそこの大学に入って、ファンドマネジャーになった。この仕事は、うまくやればやるほど給料を貰えるから、すごくやりがいがあったよ。気に入ったものは何でも買えた。会社の同僚と結婚して、順風満帆だと思ってた。

だけど、私は仕事に没頭するあまり、旦那をないがしろにした。お金は貯まる一方だったし、何なら自分のファンドにも投資してたから運用でさらに増えていった。普通の感覚からすると、ちょっとおかしいくらいの資産ができたよ。

でも、どこか満たされなかった。仕事に没頭して一緒に出かけたりもほとんどしなかったからケンカが絶えず、結局は離婚だ。金はいっぱいあったのに、何も残らなかったよ。自分に心底ムカついた。何だ、私もあの親父と一緒じゃないかって」

忌部は遠い目をしていた。

「だから、ここに来る患者には同じ失敗をして欲しくねぇんだ。いいか、金より大事なものなんていくらでもあるから、それを履き違えるんじゃねぇぞ。もしそれを破るようなら、二度とここの敷居をまたがせないからな」

顔面をはたかれた以上の衝撃だった。俺がいかに投資にのめり込んで、家族をないがしろにしていたか思い知らされた。急激に申し訳ない気持ちが胸に溢れかえってきた。

「娘さん何歳だ？」

「今度6歳になります」

「そうか、6歳で両親とハワイ旅行。楽しみだろうな」

涙がこみあげて来た。少なくともハワイ旅行は、株を売ってでも行かなければならないと思った。サユリにも、感謝の言葉を伝えないといけない。

「一つ土産に教えてやる。私はファンドマネジャー時代も、運用資産の1割くらいは現金で置いといた。私の『マイルール』だ。これは暴落に備えてというよりは、『どうしても買いたいものが出てきた時』にな」

「どうしても買いたいもの？」

「いずれそういう時が来るさ」


診察室から出がてら、万賀と話す。

「波野さん、動画どう思いましたか？」

そうだ、動画だ。今朝見た時点でも、診療所の動画は79回しか視聴されていなかった。この診療所と同様に、閑古鳥が鳴いている。

「そうですね、YouTubeへビーユーザーの俺から見て、ちょっと厳しいかなと思いました。真面目すぎるので」

「ですよね……何か良いアイデアがあればいいのですが」

真面目なのはいいことだが、それだけでは引っ掛かりがない。何か色が出せれば……。

「そうだ！　あかりさんに出てもらうのはどうでしょう？　あかりさんの言葉は乱暴ですが、核心を捉えてます。女性というのもライバルが少なくてポイント高いです」

「なるほど、それはアリかもしれないですね！　忌部メインでやってみます。あの、もし良ければ、カメラの裏側でいいので、波野さんもいてもらえますか？」

「お安い御用です！　この診療所のためになるのなら」

つい勢いで引き受けてしまったが、これがきっかけであの事件に巻き込まれることになるなんて、その時は思いもしなかった。

涼しくなりつつある空気を感じながら、旅行代理店に寄り、ハワイ旅行のチラシを持って家に帰った。特に祝う理由もないケーキもお土産にして。

解説

6 比率よりも重要なこと

現金比率の正解は？

「現金はどのくらいの割合で持つべきですか？」というのは、多くのお客様から寄せられる質問です。物語の中でも波野が悩んでいますが、質問の背景をたどっていくと、おおよそ以下の2つに分けられます。

1　株式の割合が多いと資産が減るリスクが大きいのではないか？（リスクの程度）

2　暴落に備えて現金を持っておくべきではないか？（暴落への備え）

この問題に対して、一つの重要な示唆を与えてくれるのが、物語でも出てくる『JUST KEEP BUYING 自動的に富が増え続ける「お金」と「時間」の法則』(ダイヤモンド社)です。ここで書かれていることを端的に表しているのがまさに以下の言葉です。

Just Keep Buying――ただ買い続けろ

株式投資でお金を増やすには、できるだけ早く、できるだけたくさん株を買うという行動を続けろということです。単なる経験則ではなく、具体的なデータに基づいて解説されているのが、この本のミソとも言えます。

一般的に、投資ではリスクを回避するために一定量の現金や債券を持つのがよいとされます。しかし、それより株式をできる限り多く持った方が資産は増えるというものです。

もちろん、株式を持つということは、リスクを負うということです。それでは、ここで言うリスクとは一体何のことでしょう?

端的に言えば「お金を使わなければならない局面で、投資した資金が減ってしまっていること」です。お金は最終的に使わないと意味がありませんが、いざ使う時に最初に投資した金額から減ってしまっていては、「結局何もしなかった方がよかった」ということになります。

そう考えると、おのずと答えが出てくるでしょう。そう、お金を使うタイミングが近ければ近いほど、（一時的にでも）減ってしまっているリスクを回避して現金または債券などのリスクが低いとされる資産を持つべきなのです。

これが端的に表れるのが年齢です。一般的に定年退職すると年金生活に入りますが、年金だけではそれまでの生活を維持し続けるのが難しいので、資産を取り崩していくことになります。

すなわち、老後が近いほどお金を使うまでの時期が近いということになり、減るリスクを避けるために株式ではなく現金で持っていた方がよいということになります。そう考えると、老後になるほど、現金の割合を高めるべきということになるのです。

それでは逆に、若い人ほど株式の割合を高めるべきかというと、一概にそうは言えません。若い人でも目先の出費が想定される場合があります。

例えば、結婚式のための費用や家を買うための頭金を投資に回してしまうと、いざ支払う瞬間に減ってしまっている可能性があります。また、万が一失業や病気をしてしまった時の支払いにも備えなければなりません。

本当に重要なのは現金の比率ではなく、金額です。若い人でも資産が１００万円しかない人は、万が一株価が下落した時のことを考えるとほとんど投資に回すべきではないでしょう。逆に、高齢であっても資産が1億円ある人なら、目先の生活費やいざという時のことを考えても、１０００万円（10％）もあれば十分ではないでしょうか。

実はここに資本主義の本質が表れています。つまり、多くの割合でリスクを取れるのは、より資産を多く持っている人であるという残酷な事実が浮かび上がるのです。すなわち資産が多くなるほど株式投資に回せる割合が増え、結果的にさらに資産を増やすことになります。金持ちがさらに金持ちになるのです。

だからこそ、金持ちになりたいと思う人は、まずはまとまった資金を作ることが必要なのです。逆に言えば、あなたがすでに「いざという時のお金」があるのなら、株式への投資割合を高めることが賢明と言えるでしょう。

もっとも、いくら将来金持ちになれる可能性が高いからといって、お金をケチって使わないのは考えものです。本当に重要なのはお金ではなく、それによってもたらされる「幸せ」です。いくら金持ちになっても、有意義な使い方ができなければそれによって幸せになることはできません。そして、お金は一人で使うより、家族や友人と使う方があなた自身も幸せになれると言われています。

あなたが幸せを実現するためにも、お金の使い方は家族としっかり相談して決めるようにしましょう。実はお客様でもこれができていない方が非常に多いのです。

暴落への備え方

それでは、もう一つの論点である「暴落に備えて現金を持っておくべきか？」についてはどうでしょうか？

これについても『JUST KEEP BUYING』で述べられているのですが、結論としては「暴落を待っていてもうまくいくことは少ない」ということです。

暴落に備えて現金を持つ理由としては、

1　暴落した際に資産を減らさないこと
2　下がった株を買うこと

があります。暴落時に株式の割合を減らしておけば、資産の減少割合は抑えることができるでしょう。しかし、これには大きな落とし穴があります。

多くの人は、暴落で資産が大きく減らなかったことでほっとして「自分の選択は正しかった」と考えます。そして、また同じことが起きた時のために投資戦略を保守的に考えてしまうのです。その結果、暴落したあともなかなか買い始めることができません。

暴落が起きた時に、YouTubeで流行る動画に「二番底が来る」というものがあります。リスクに備えて今は投資を控えるべきだ――そんな考え方が根強い支持を受けるのです。

しかし、2020年3月のコロナ・ショックはそのような考え方の保守的な投資家を打ち砕きました。米カリフォルニア州でロックダウンが開始された3月19日、日経平均株価は1万6000円台に下落しましたが、その3か月後の6月にはショック前を回復、その年の末には約30年ぶりの高値となる2万7000円台を記録しているのです。

つまり、現金を多めにしてほっと一息ついていた人は、逆にこの上昇に乗り遅れてしまっていたことになります。もちろん、早いタイミングで強気に転換できていた人は上昇に乗ることができたでしょうが、果たしてそんな人が一体どれだけいるでしょうか。

これは私の周りにいる上手なベテランの投資家の方々を見ていてもよくわかります。彼らは株価の下落におびえることなく、実際にほとんど「フルポジ」状態を貫いています。もちろんそれはすでに大きな資産があるという理由もあるのでしょうが、同時にその方が資産が増えやすいということを体感としてわかっているのでしょう。

彼らの行動を見ていると「投資家は楽観的じゃないとやっていけない。リスクを避けることばかり考えるのは、積極的な投資家にリターンを譲るようなものだよ」と言っているように感じられます。

株価の動きを読むことは簡単ではありません。1回だったら偶然当たることもあるでしょうが、それをずっと続けるのは至難の業です。それならば、下落を予想して現金比率をコントロールするより、常に株式市場にお金を投じ続けた方が「期待値が高い」行動になると言えるのです。

ただし、初心者のうちから株式の比率を高めるのはおすすめできません。なぜなら、投資している対象が本当に投資して良い資産なのかわからないからです。株式の比率を高めてよいのは、「株価が上がり続ける」という前提があるからで、インデックスならまだよいですが、個別株だと上がる可能性の低いものに投資してしまうかもしれません。

また、もし暴落が起きたとして、その時どのような感情を抱き、どのような行動に出てしまうかは、投資を始めた時点では本人もわかりません。もしかしたら最悪なタイミングで株を売ったり、さらに変なものに投資してしまうかもしれないのです。慣れるまでは現金の比率を高くして、試運転に臨むのがよいと言えるでしょう。

車の運転でも、まずは教習所の練習コースを走行するように、株式投資でも事故っても大けがしない金額で試してみるというのが、やはりオーソドックスなやり方なのです。

さて、次はいよいよ最後のお話です。テーマは「不祥事は買いですか?」。これまで学んできた知識と経験を総動員して、一つの企業への投資に挑戦する波野の奮闘と成長をぜひご覧ください。

第7話

不祥事は買いですか？

YouTubeは意外な形でバズることになる。

動画に出演することをはじめは嫌がっていた忌部だが、万賀の必死の説得で何とか撮影にこぎつけた。いくらなんでもここまでお客が来ないのでは診療所も続けられないし、何より診療所の本来の目的である「個人投資家のリテラシーを上げる」という目的を達成できない。

しかし、どのようにして撮影したらいいだろうか。万賀が話している動画は、真っ当だが堅くてつまらない内容だったので、YouTube向きではない。一方の忌部は、自分からあれこれ喋るタイプでもない。

仕方がないので、俺からいろいろと質問をして、忌部に答えてもらうことにした。これなら、忌部も診療所と同じように一問一答形式で話をすればいい。

しかし、これが普通のやり取りにはならなかった。

――投資って、何から始めたらいいんですか？

「は？　そんなことテメーで考えろよ。だいたいそんな決まりなんてねーよ。何？　証券口座を開く？　口座も開けないやつが投資なんかできるか」

――投資すべき企業の特徴は？

「『良い企業』に決まってるだろ。『良い企業』の定義？　利益が伸び続けることだよ。言わなくてもわかるだろそんなこと。あと、『べき』なんてないからな。何が正解かなんてわかんねーよ」

――これから投資を始めようと思う視聴者に一言。

「お前、楽して儲けようとしてねぇか？　世の中そんな甘い話はねぇよ。そんな甘ちゃんが、この世界では一番のカモなんだよ。お前だってSNSで騙されてトリリオンバイオに」

「あ、あかりさん、その話は‼」

終始こんな感じで、まともな質疑応答にはならなかった。結局、いつもの診療と同じように、俺が罵倒され続ける動画になってしまった。諦め半分で手伝ってくれている友人には「ヤバそうな部分はカットしていいから」と伝えて編集を任せた。

日曜日の朝、万賀からのＬＩＮＥで目が覚めた。

『波野さん、動画が大変なことになっています！』

動画が大変？　やっぱり炎上してしまったのか！　ビクビクしながらYouTubeを開くと、そこには予想外のコメントが並んでいた。

〈ありがとうございます。この動画で目が覚めました。これから本気で投資に取り組みたいと思います〉

〈私は30年投資をしていますが、この方の言ってることは核心です。すべての初心者に伝えたい〉

〈自分で考えることの本当の意味がわかった気がする……ありがとうございます！〉

〈世の中ナメた投資家が多すぎるんだよな。それを正面から指摘できる方は貴重〉

〈俺もあかりさんに罵倒されたい〉

視聴回数は公開から1週間で既に15万回。しかも、時間を追うごとに伸びている。まさかあの動画が、こんなことになるとは思わなかった。

いても立ってもいられず、診療所を訪れた。

「やりましたね、万賀さん」

「はい、昨日から公式ＬＩＮＥアカウントの問い合わせがひっきりなしに来ていて、今週はもう3件の予約が入っています。これで、当面は診療所を閉めなくても良さそうです」

「次の撮影はいつやりましょうか？」

「今日来たなら、今やればいいじゃないか」

裏から忌部が現れた。正直機嫌を損ねてしまったらどうしようかと思っていたが、案外まんざらでもないようだ。

「いいですね！　やりましょう。テーマは、今度は実際の企業を取り上げて分析してみるのはどうでしょう？」

「企業分析か。いいんじゃないか」

「企業は……俺がもっと知りたいのが、味満堂です！　ここの良さを、もっと多くの人に知ってもらいたいんです」

「味満堂か。良い企業じゃないか。私もよく知ってるから、準備にはそんなに時間もかからないな。よし、1時間後に撮影しよう」

ノリノリだ。忌部の意外な側面を見られて、心から嬉しくなった。

1時間後、撮影を開始した。

――味満堂って、すごく良い会社だと思うんですけど、あかりさんはどう見ますか？

「どう見ますか、じゃねぇよ。具体的に説明してみろ。何やってる会社かくらい知ってるだろ？」

――調味料とか、そこから加工食品、冷凍食品などを作ってる会社ということでいいですか？

「まああだな。ここの強みは、どうしたらうまい味を作り出せるかを導く、徹底した研究開発力にある。研究所も持っていて、食品会社というより大学の研究室みたいな感じだな」

――うちの食卓にも、味満堂の調味料や加工食品がいっぱい並んでいます。

「マーケティングも百戦錬磨だ。消費者のニーズを常に研究し尽くして、時代のニーズを捉えてきた。最近はプロテインやサプリメントの売上も伸ばしている」

――国内だけだと、業績の伸びには限界があるんじゃないですか？

「その通り。だから、海外にも昔から出ていて、最近になって東南アジアの経済成長で力を発揮している。もはや海外売上比率が60％だ」

――じゃあ、味満堂は買っていいんですね？

「だから、相変わらずわかってねぇな。自分で考えろっつってんだろ、虫けら。100%完璧な企業なんてねぇんだよ。最後は自分が選択するかどうかだ」

総じて味満堂に肯定的な内容だったし、俺も持ち株のことをさらによく知れて、自信を深めることができた。

しかし翌週、事態は急変することになる。

『味満堂、健康被害。3名重体』
『発覚してから2週間報告せず』
『化学調味料開発企業の罪』

味満堂の製品を購入した顧客に健康被害が出たとの報道が各報道機関から一斉に流れた。

【味満堂の製品に健康被害か　消費者3名が重体】

食品メーカー味満堂が製造する調味料シリーズ「クックミー」の製品を食した消費者3名が健康被害を訴え、現在重体で入院していることが判明した。症状は激しい腹痛と嘔吐、意識障害を伴い、いずれも同一の製品を摂取した後に発症したとされる。問題となっている製品は「クックミーシリーズ」で、現在、原因の調査が進められている。

味満堂は、創業以来品質と安全性にこだわり続けてきたことで知られ、今回の事態は消費者と業界に大きな衝撃を与えている。


テレビのニュースでは、味満堂の経営陣による記者会見の様子が何度も流されている。擁護するコメンテーターは皆無だった。

該当する商品は店頭から撤去され、中には味満堂の商品すべてを撤去する店舗もあった。

株価は暴落した。ニュースが公表された翌日はストップ安。翌日はマイナス14％と2日間で30％も下がった。少しずつ増えてきていた俺の資産も、一気に振り出しに戻ってしまった。

ダメージを受けたのは俺だけではない。先日撮った診療所の味満堂の動画も既に公開されていた。報道前は好意的なコメントが多かったが、報道されるや否や、アンチコメントが殺到した。

〈こんな会社を推奨するなんて信じられない〉

〈所詮化学調味料の会社。健康被害は出るべくして出た〉

〈俺はこの動画を見て買って大損した。訴えてやる〉

掌返《てのひらがえ》しとはまさにこのことを言うのかと思った。そして、そのコメントの中に気になるものがあった。

〈ひばり投資診療所は大嘘。信じられるのはゴッドだけ〉

ゴッド。これまで俺が散々心動かされた相手で、万賀の元同僚だ。コメントを見て、久しぶりにゴッドのページに行くと、味満堂に対するネガティブな内容が5本も連続で投稿されていた。

『味満堂　終了』

『空売り*の好機』

『味満堂の悪事』

『味満堂を空売りせよ』

『味満堂　擁護アカウント一覧』

執拗《しつよう》なまでの売り推奨だ。コメント欄を見ると多くの視聴者が熱狂して空売りを実行し

＊　空売り：手元に持っていない株式を売却し、価格が下がったタイミングで買い戻して利益を得る取引のこと。下落に賭ける手法。

ているようだったし、「擁護アカウント一覧」には、はっきりと「ひばり投資診療所」も挙がっていた。動画でも、ゴッドは繰り返し診療所のことを指摘していた。

『特に「ひばり投資診療所」は、真面目なフリしていい加減な情報を流すから、気をつけような』

　万賀からLINEが入る。

『しばらく診療所はお休みにします。診療所には、嫌がらせの落書きやゴミが置かれていたりしました。安全のためです。申し訳ありません』

　くそ。俺のせいでこんなことに。何もできずにただただ自分に腹が立つ。何かできることはないだろうか。

　そう考えていると、動画のコメント欄に新着コメントが入っていることに気がついた。

〈味満堂がいい会社なら、この下落はむしろ買い時では？〉

　そう言えばそのとおりだ。俺が知ってる味満堂の社員は、いつも真摯に仕事に取り組んでいた。今回の件も、何かの間違いだと思いたい。

　ふと、前に読んだバフェットの伝記を思い出した。バフェットは、かつてアメリカン・エキスプレスが不祥事に見舞われた際、自ら街に出て人々が変わらずアメックスカードを使っていることを確認し、同社に投資して大きな成果を得たという話だ。

百聞は一見にしかず――。

俺は自ら味満堂を調査することにした。


会社は3日間の休みを取った。

初日。まず向かったのは、近所のスーパーだった。SNSでは「#味満堂をボイコットせよ」というハッシュタグが飛び交っていたが、実際に不買運動が起きているかを確認するためだ。

店頭の様子を確認すると、「クックミー」シリーズはすべて撤去されていたが、他の味満堂製品はそのままになっていた。俺は買い物するふりをして、味満堂の商品の売れ行きを確かめようとした。

味満堂の商品をかごに入れて買っていく主婦の姿も多く見かけた。もちろん、普段どのくらい売れているかわからないから増減までは確認できないが、世の中的には「ボイコット」というほどには至っていないようだ。

約1時間粘ってから店を出た。しかし、店から一歩出た瞬間に警備員に呼び止められた。

「ちょっと事務所まで来てもらっていいですか？」

「え、いや違うんです！　ちょっと売れ行きを確認しようと」

「同業者の方ですか？　とにかく、事務所までお願いします」

明らかに怪しまれた。よく考えたら当然で、平日におじさんが何も買わずにスーパーをうろうろしているのだ。味満堂のことが気になりすぎて、そんなこと思いつきもしなかった。

「ですから、私は投資家として味満堂の売れ行きを確認しようと……」

「店長」とネームプレートを掲げた相手に必死に説明を試みた。しかし、「投資家」という説明も、あまり市民権を得ているとは言えない。

仕方ない。あまり使いたくはなかったが、最後の手段だ。焼け石に水だった。俺は会社の名刺を差し出した。

店長は、名刺と俺の顔を交互にまじまじと見つめ、ようやく笑顔を見せた。

「これはこれは、四谷物産の方でしたか。大変失礼しました。それで、会社員でありながら『投資家』とはどういうことでしょうか？」

「『株主』です。味満堂の株を買っているんですよ」

「そうですか。それでここまでのことをしますか？」

再び疑いの目が向けられた。そこで、俺は逆質問することにした。

「味満堂の商品って、店長さんから見て素晴らしいですか？」

店長は少し考えたように目をつぶり、話し始めた。

「それはもう、スーパーにはなくてはならない存在ですね。商品名を指名して尋ねてくるお客さんもいらっしゃいます。今回の事件は残念ですが……。時間が解決してくれることを祈りますよ」

「ですよね！　味満堂は素晴らしいんです。私も仕事でお付き合いがあったんですが、意識の高い従業員さんたちばかりで、それで株も買おうと思ったんです」

「そうだったんですね。私も本社のバイヤーをやっていたので、従業員さんと直接話す機会がありました。彼らはスーパーのお客さんのかゆいところをわかっていらっしゃる。確かに、株は買い時かもしれませんね」

「今回の事件に、思い当たるフシはありますか？」

「しっかりした会社なので、まさかこうなるとは思いませんでしたよ。何かの間違いだといいのですが……そういえば、府中《ふちゅう》の『味満堂記念館』は行ったことありますか？」

「記念館……そんなところがあるんですか」

「私も行ってみて、改めてここの商品の良さを思い知らされたんです」

「ありがとうございます！　行ってみます」

「はい、調査頑張ってくださいね」

よかった。怪しまれたのはうかつだったが、思わぬヒントを得ることができた。味満堂の商品は、スーパー側から見ても素晴らしいし、府中に「記念館」なんてものがあるとは。

第一関門クリア。

でもまだ安心はできない。健康被害の状況もまだ詳しくはわかっていない。当初3名と報じられていた重体患者の人数は日を追って増え、今朝のニュースでは重体15名、健康被害100名超となっていたし、味満堂の調味料につきまとう「化学調味料」というマイナスイメージもクローズアップされつつあった。

もしさらに大事になれば、ブランドイメージにも傷がつく。そうなると、かつて雪印乳業が食中毒事件で大打撃を被ったように、味満堂も同じ結果になりかねない。

そもそも、今回の健康被害とはどのようなものなのだろう？　被害者の人数は報道されていたが、何が原因なのかは明らかになっていなかった。憶測としては、工場で何らかの化学物質が混入したかもしれない、ということだけだった。

もっと知るためには、やはりよく知っている人に話を聞いてみるのが一番だ。俺は家に帰って、海外駐在時代に知り合った味満堂の社員の名刺を探すことにした。

「あら、どうしたの？　会社は？」

会社に行っていると思っていたサユリは当然疑問に思うだろう。ここは正直に話すしかない。

「株の調査のために、3日間休みを取ったんだ。味満堂について な」

「そういえば、ニュースになってるわよね。私も普段から使ってるから心配だけど、ここの商品は料理には欠かせないのよ。『化学調味料』とは言うけれど、それでも主婦の味方だわ」

「だよな。その会社の株主であることを誇りに思うよ」

ふとテレビを見ると、ワイドショーで味満堂のことを取り上げていた。事件の核心には触れず、化学調味料の危険性について一般論が解説されていた。「そんな身体に悪いものを私たちは食べていたなんて」と、コメンテーターは怒りの込もった顔で話していた。

「調査もいいけど、ほどほどにね」

サユリはそう言って、図書館で借りてきたハワイの観光ブックを平積みにして読み始めた。ハワイ旅行、行くことにしてよかったとつくづく思う。アドバイスをくれたあかりさんには感謝してもしきれない。この恩を何かしらの形で返したい。

小一時間探し続け、ようやく名刺を見つけることができた。

『お久しぶりです。四谷物産の波野です。アフリカでお会いして以来ですね。早速ですが、報道されている貴社の件について、少しお話を伺えますでしょうか？』

夕食後に返信があった。

『波野様、お久しぶりです。お元気でしょうか？　いろいろあるのですが、あいにくこの件に関しては会社からかん口令が敷かれていまして、何も話すことはできないんです。申し訳ございません』

かん口令……それはそうだよな。まだ何もわかっていない事件だし、もし何か聞いたとしてもインサイダー情報ということになるかもしれない。この方向性は一旦なし、か。

翌日。「味満堂記念館」に行ってみた。味満堂の創業からの歴史や思い、幅広く使われている同社の製品が紹介されていた。平日ということもあってか、他に来館者はほとんどいなかった。

特に印象的だったのが、かつての不祥事について触れられているところだった。1960年、同社は食中毒事件を起こした。亡くなった方もいて、倒産の危機に瀕した。何とか生き延びてから、同社は二度と同じ過ちを繰り返さないように、当時の新聞のコピーが社内の各所に貼られているということだ。

こんな会社が、今回のような不祥事を起こすだろうか。現に俺が関わった社員たちは、品質管理には異常なほどのこだわりを見せていた。この会社が問題を起こすなんて思えない。

しかし、ネットニュースを見ると、今度は味満堂のガバナンスに批判の焦点が当たっていた。味満堂の情報開示姿勢についてだ。もちろん、製品の自主回収はすでに行っていたが、肝心の原因が何一つわからない状態だったのだ。

株価はなおズルズルと下がり続けていた。事件が発覚してから、すでに40%下落している。

俺は腹を決めた。ここからどんな話が出てこようと、味満堂を応援する。そのために、今すぐ株を買おう。なぜだかわからないが、そうするのがいいような気がした。

〝どうしても買いたいものが出てきた時にな〟

ふと忌部の顔が浮かんだ。今がきっと「その時」なのかも知れない。俺はスマホを取り出し、残していた現金約100万円を使い、味満堂を買い増した。

これでもう後には引けない——全国大会出場を懸けた試合前のような心境だった。

有休3日目。俺は診療所を訪れていた。話したいことが山ほどあったし、ネットで誹謗中傷を受けている診療所のことが心配でもあった。

「それで、味満堂を買い増ししたのか」

「はい、俺の第六感が買えって言ってます」

「つくづくお前はアホだな。機関投資家なら絶対そんな買い方できないぞ」

「でも、俺はこれでいいんです。これが俺のやり方ですから」

「ほう、少しは成長したようだな」

「え、あ、ありがとうございます」

初めて褒められて、不意を突かれた。てっきりけなされるとばかり思って身構えていたからだ。だって理由が「第六感」だぜ？

「優れたトレーダーほど、直感で取引する。もちろん、その背景には膨大なインプットがあってのことだがな。あんたは、味満堂のことをよく知ってるんだろ？」

「それはもう。一緒に仕事をしたこともありますし、うちでも味満堂の商品をよく使ってます」

「そんな企業を安い株価で買えた。良い企業を安く買って、あとはひたすら待つ。これが投資では一番の正攻法なんだよ。もちろん、今回の事件で味満堂の非が大きければただではすまないから、なかなかおすすめできるわけではないがな」

事件に関しては、まだ何も解決を見たわけではない。しかし、事実がはっきりしない以上、あとはただ待つことしかできない。でも、本当にこれだけでいいのだろうか？　味満堂は、世間から批判されたままでいいのだろうか？

「あかりさんは、本当にこれでいいんでしょうか？」

自分でも気づかないうちに声が出ていた。

「今も味満堂はメディアやSNSでバッシングされて、経営者や従業員たちは肩身の狭い思いをしています。俺としては、何とかこの状況を解決したくて」

「いち個人投資家としてできることなんて限られるだろ？　あとは時間が解決してくれる。世論を動かすのは、投資家の仕事じゃねぇよ」

「じゃあ、味満堂のことはこのまま放っておくんですか⁉　俺は嫌ですよ。伝えることはちゃんと伝えたい。診療所だって、このままゴッドにやられっぱなしじゃ嫌でしょう⁉」

忌部は黙った。俺も次の言葉が見当たらなかった。気まずい時間が流れる。

「波野さんは、味満堂のどんなところに魅力を感じますか？」

口火を切ったのは万賀だった。

「それは、何より商品が良いからです。俺たちの食卓には欠かせないものを作ってる。それに、俺が会ってきた従業員だって、みんな一生懸命で、どうやったら多くの人に美味しいものを食べてもらえるか、必死になって考えて行動してる人ばかりです」

「そうですよね！　私もそこには賛成です。こうするのはどうでしょう？　今回の事件には直接触れず、あくまで味満堂の良さについて動画で話すんです。あかりさん、どうですか？」

「悪くない、な。でも、私は中立だから、一方的な擁護はできないぞ」

「ベタ褒めするのは、波野さんでいいんじゃないでしょうか？　そして、そこにあかりさんが冷静な解説をつける。これなら、バランスも取れて本当の意味で味満堂について知ってもらえると思います」

「万賀さん、いいですね！　やりましょう‼　これなら、きっと従業員や味満堂のファンの人たちも喜んでくれるはず」

こうして、動画を撮影することが決まった。あまり時間もないので、急遽内容を考えてその場で撮影することになった。

――俺、先日スーパーに行って、食品売場に張り付いていたんですよ。何を買ってるか、かごを覗きながら、1、2時間うろうろしていました。

「お前、ヤバいな。よく通報されなかったな」

――いやそれが、事務室に連れていかれて、店長に問いただされました。

「うわ、マジか。そのまま留置場か？」

――いやいや、何も盗ってないんで。結局店長は味満堂の商品の良さや、従業員さんの勤勉さを語ってくれました。

「ああ、ここの商品は確かに良いな。経営陣も、会社の長期的な成長についてしっかり語っている」

――味満堂の商品を買った人に、インタビューもしてみたんですよ。

「キモいな」

――さすがに気味悪がられました。でも、聞いたら答えてくれて、多くの人が「いつも買ってるから」と。事件について聞いてみましたが、知ってるけど、あまり悪い印象は持っていないようでした。

「それはあるかもな。実際、メディアのトーンと現場の感覚が離れているのはよくあることだ。特に最近は、テレビ離れも進んでるし。他には何を見た？」

――味満堂記念館にも行ってみました。そこで改めて、味満堂がどんな思いで事業を展開しているか学べました。「世界の人々に、美味しい料理を。」これを目標に、世界的に伸びてるんですね。

「会社のビジョンは重要だな。会社っていうのは、その旗印のもとに人が集まってくる。仕事で従業員とも関わったことあるんだろ？」

――はい。俺は海外で働いてた時に関わったんですが、みんなその旗印のもと、一生懸命やっていました。

「味満堂の強みは、『美味しさ』を追求するために、徹底的に研究開発していることだ。すぐに芽が出るかわからないことでも、可能性があると思ったら信じてやり続ける。だからこそ、効率重視の海外企業には負けない。いわゆる『経済の堀』ってやつだ。これが発展して、今はバイオテクノロジー分野にも裾野を広げてる」

――記念館でさらに印象に残ったのは、過去に起きた不祥事についてでした。1960年に食中毒事件を起こした教訓を忘れないようにと、当時の新聞記事が会社のあらゆるところに貼られているということです。こんな会社が本当に事件を起こすのでしょうか……。

「どんな会社でも、事故が起きる時は起きる。これは投資の世界でも避けられないことだ。そこで大事なのは、それまでに積み上げた信頼だな。真っ当なことをやってる会社は、いざという時に必ず助けてくれる人がいる。これは人間も同じかもな」

撮影は順調に終わった。この動画の編集が終わって公開されるのが、翌月曜日。もしかしたら批判のコメントがたくさん来るのではないか、そしてまた診療所に危害を加える人がいるのではないだろうか。心配事は尽きない。俺たちはその時を、祈りながら待つしかなかった。

テレビのニュースもインターネットも、相変わらず味満堂の不祥事に関するニュースを流し続けている。しかし、目新しい内容はなく、「なぜ味満堂は早く調査結果を公表しないのか」「経営陣の退陣はいつか」といった責任論の話が中心だった。

そんな中、YouTubeではゴッドの動画がひときわ勢いを増していた。味満堂を批判した動画の視聴回数は、多いもので100万回を超えていた。

月曜日の18時。いよいよ診療所の動画が公開された。YouTubeのシステムとして、多くの人に視聴されるほど、動画の露出が増加し、再生数は伸びていく。逆に、あまり視聴されない動画はそのままほとんど再生されることはない。

公開から15分後、早速コメントが付いた。

〈詐欺師乙。こんな会社を擁護するなんて、どうかしてる〉

アンチコメントだ。やはり今回も批判されるのか。スマホで更新をかけながら、奥歯をぐっと噛み締めていた。だが数分後、次に来たコメントは意外なものだった。

〈この動画は本当のことを言ってる。テレビは通り一遍のことしか言わないけど〉

〈さすが元ファンドマネジャー〉

〈あかりさんについていきます〉

中には、長文のコメントもあった。

〈感動しました。私の夫は味満堂に勤めていて、日々真面目に取り組んでいるのですが、メディアではあることないことバッシングされることが、とても悲しいです。この動画のように、ちゃんと見てくださる方がいて、救われました。忌部さん、そしてカメラの前の方も、いっぱい調べていただいてありがとうございました〉

その他にも、味満堂の関係者や消費者としてのファン、そして個人投資家と見られる声もあった。

〈空売りを推奨しているYouTuberもいるみたいだけど、俺はこっちを信用するで。空売りなんて、真っ当な心でやるもんやない〉

〈この動画を見て、味満堂の株を買おうと思いました。微力ながら応援です〉

もちろん、アンチコメントも少なくなかった。ゴッドは相変わらず空売りを推奨している。その勢いはさらに増していた。どうやら、ゴッド自身も、相当空売りに賭けているようだった。

火曜の夕方。市場が閉まった後の16時、結末はあっさりと訪れた。

【味満堂製品の健康被害、第三者による異物混入が原因と判明（経済日報夕刊）】

食品メーカー味満堂の調味料「クックミー四川風スパイシーチキン」を摂取した消費者

3名が重体となる健康被害を受けた事件について、東京都保健所は本日、原因が第三者による異物混入であったと発表した。調査によると、複数の小売店舗で何者かが意図的に有害物質を混入させた疑いが強く、警察は事件として捜査を開始している。

保健所の検査により、問題の製品から通常は含まれない有害成分が検出された。同製品を製造した味満堂の工場では、衛生管理基準が遵守されており、製造工程での異物混入は確認されなかったため、外部からの介入による混入と見られている。保健所関係者は、「通常の製造過程では発生し得ない物質が含まれており、意図的に加えられた可能性が高い」とコメントした。


事件の真相が明らかになった。味満堂に非はなく、第三者が行ったものだという。複数の店舗にまたがり、味満堂の商品だけを狙って犯行に及んだということで、犯人の味満堂に対する悪意が浮き彫りとなった。

テレビ報道のトーンは一転。味満堂は「被害者」となり、途端にコメンテーターは味満堂の製品を称賛した。ネットの株式掲示板は、ものすごい勢いで投稿が続いていた。

〈味満堂完全勝利〉

〈売り豚は丸焦げだ〉

〈やっぱりこんなにいい会社売っちゃだめだって〉

〈金返せ！〉

翻《ひるがえ》ってゴッドのYouTubeに行ってみると、ライブ配信のチャット欄は荒れまくっていた。

〈詐欺師！　逃げるな！〉

〈絶対許さないからな〉

〈もしかして、異物混入もゴッドが……？〉

対するゴッドは、最後に一言だけ残してライブを閉じた。

『投資は自己責任。欲に目がくらんだ豚どもが、偉そうなこと言う資格はない。じゃあな！』

そして、YouTubeだけじゃなく、すべてのＳＮＳアカウントを閉鎖して、表舞台から姿を消した。その素早さは、ただ者ではない印象を与えた。

翌日の株価は、掲示板で言われていた通り急騰。ストップ高となった。その後数日間に及ぶ味満堂の株価高騰により、俺はついにトリリオンバイオで失った損失を取り戻すことに成功したのだ。

嬉しさのあまり、会社からそのまま診療所へ向かった。忌部や万賀と喜びを分かち合いたい。株価が上がったというだけでなく「同志」として感情を共有したかった。

しかし、玄関の扉には1枚の貼り紙が貼られていた。

『当面の間休業します』

解説

7

長期投資で最も重要な考え方

買っていい不祥事、買ってはいけない不祥事

不祥事や業績に関する悪材料など、様々な要因で株価は大きく変動します。投資家はそのたびに気持ちが動き、株を売るべきか、買うべきかという葛藤に悩まされます。

「不祥事は買いか？」というテーマに対して、一概に買いか、売りかの答えを示すことはできません。その不祥事がどこまでその会社にとって本質的なものなのか、会社に与える影響はどの程度なのか、ケースバイケースだからです。

深刻だった事例としては、２０１５年に発覚した東芝の会計不祥事です。この不祥事では、東芝が長年にわたって利益を水増ししていたことが明らかになりました。

具体的には、2008年度から2014年度にかけて、東芝は約1500億円もの利益を過大計上していたとされています。この事件は大きなスキャンダルとなり、東芝の経営陣が辞任する事態に発展しました。

この事件で問題となるのは、ごまかした金額も重大ですが、それが発生した経緯を考えると会社の「根っこ」が見えてきます。不正を働いた社員は、業績目標を達成するために「チャレンジ」と称するプレッシャーに苛まれていたのです。

プロセスを無視した高い目標だけを掲げることは、あまり筋がよくありません。それなのに、なぜそのような高い目標が掲げられたのかをたどると、東芝にはびこる「セクショナリズム」が根底にあることがわかります。

要するに「社内抗争」であり、東芝はそのために企業として大切なことを見失いつつあったのです。

東芝はその後も様々な問題が発覚し、やがて「物言う株主」に目をつけられて結果として上場廃止の道をたどることになります。この会計不祥事は、日本を代表する企業の劣悪な深層を露見させた「買ってはいけない不祥事」ということになったのです。

「買っていい」と「買ってはいけない」を分けるものがあるとすれば、その事象から見えてくる会社の本質ということになるでしょう。東芝のケースでは、会計不祥事はもちろんいけないことですが、それ以上に見えてくるのが「行き過ぎた社内抗争」ということになります。経営陣が社内ばかりを見て、顧客の方を見ていなかったのです。

本当に素晴らしい会社なら、顧客をしっかりと分析し、自社に足りないことを反省して改善する努力をするはずです。それなのに、不正を働くことでしか数字を作れなかったとしたら、やはり何かがおかしいということになります。その見極めが、投資家には求められているのです。

もちろん、単にニュースの一報を聞いただけで、それが会社の根本に関わることなのかを見極めることは容易ではありません。ニュースでは、「あれが悪い」「これが悪い」という揚げ足取りはどんどんしてきますが、それがどのような意味を持つかという解釈まではきちんとやってくれません。

つまり、投資家に求められるのは起きたことを「どのように解釈するか」という能力なのです。正しく解釈するためには、自ら主体的に情報を取りに行く必要があります。物語でも、波野はスーパーや記念館を訪れて自分の目で確かめていました。

ここでも「投資の神様」ウォーレン・バフェットの逸話が出てきます。かつてアメリカン・エキスプレスは「サラダオイル事件」と呼ばれる詐欺事件に巻き込まれ、巨額の損失を計上しました。同社に対する信頼は失われ、株価も大幅に下落しました。そんな中で、バフェットは「アメリカン・エキスプレスのブランド価値は毀損《きそん》しておらず、人々は引き続きクレジットカードやトラベラーズチェックを使い続けるだろう」と考えたのです。

それを確かめるために、バフェットは街に出て、人々がアメリカン・エキスプレスのカードを使い続けていることを確認し、投資を決断したと言われています。結果として同社は復活を遂げ、バフェットは巨額の利益を手にしました。単純な目先の失敗ではなく、企業の本質的な強さを確認することで投資ができた良い例だと言えるでしょう。

株価を見ない投資

株価が下がった銘柄を買うことを「逆張り」と言います。不祥事や悪材料で買うのも逆張りです。逆張りで株価が下がった時に購入できれば、バフェットのように株価の反発により大きな利益を得られると考える人も少なくありません。

私自身も、投資を始めたころは逆張りが正義だと考えていました。もちろん、ただ下がった銘柄を買うのではなく、下がった要因を確かめてそれが問題ないと判断できたケースです。

しかし、やってみて感じたのはこれが結構難しいということでした。

一度悪材料が出た銘柄は注目されやすく、その後さらなる悪材料が見つかることが珍しくありません。私自身もその状況に陥り、泣く泣く損切りせざるを得なかったことがあります。次々に悪材料が出てくるということは、結局は私の見る目がなかったということになるのですが、果たして最初からその「目」を持てるでしょうか。

これもバフェットの言葉で「台所にゴキブリが1匹いれば、その後に仲間がいっぱい出てくるものだ」というものがあります。何か不祥事があれば、それに続いて色々と出てくるというものです。会社の本質が良くないほど、そのようなことが起きやすいのです。私がはまってしまったのも、まさにそのような状況ですね（泣）。

こんなことがあるので、やはり逆張りは難易度が高いと言えるのです。もちろんうまくいくこともあるでしょうが、投資した後も注意深く見守る必要があり、もし「次のゴキブリ」が出てくるようなら逃げる瞬発力も必要です。眠れない夜を過ごすことになるかもしれません。

そのような経験を踏まえて、私は一つの結論に達しました。それは、「株価に惑わされて投資してはいけない」ということです。

この物語を通じて表現したかったのが、波野をはじめ多くの投資家たちが「株価」に一喜一憂していることです。しかし、よく考えてみてください。第1話の解説でも触れたように、目先の株価は「美人投票」によるゲームにすぎません。

一方で、株価の中身を構成するのは企業の活動そのもの、すなわち「価値」であり、長期投資家はこの部分に着目すべきなのです。いや、普段皆さんが経済活動を行っている以上、そちらに目を向けるのが自然と言えるのです。

確かに、目先の株価は変動します。しかし、それは偶然人々の気持ちに惑わされて出てきた単なるブレにすぎません。一方で、良い経済活動を行って利益を生み出し続ける企業の価値は確実に伸びていきますし、株価もアップダウンを繰り返しながら、やがてそこについてきます。

つまり、企業を見る投資をする限りにおいては、目先の株価など単なるおまけにすぎないのです。だから私は、皆さんに「株価を見ない投資」を推奨します。

注目すべきは、株価ではなく、事業そのものでなくてはなりません。
――ウォーレン・バフェット

本当に良い企業だと思ったら、株価を（そんなに）気にせずに買う。そして、そのあとは企業の成長をただ見守るのです。良い事業を行っている企業なら、株価はやがてついてきます。重要なのは、数年後に事業の利益と株価が成長していることです。

いつどう動いてしまうかわからない株価に比べ、企業の価値はそこで働く人々が支えているので、急に失われてしまうものではありません。そのような価値を見て投資していれば、あなたもどっしり構えて投資を続けられるはずなのです。

もし、その企業の株価が大幅に下がることがあれば、その時は改めて企業の実情を見つめなおし、なお問題がないと思えるなら買い増せばよいのです。あなたの判断が正しければ、やがてその投資が大きく花咲くことになるでしょう。これなら、株価が下がってから企業を見るよりもすでに持っている情報量が多いので、確実性が高い「逆張り」ということになります。

最後も、バフェットの言葉で締めたいと思います。この言葉を胸に、あなたもぜひ投資に取り組んでみてください。

株式投資の極意とは、いい銘柄を見つけて、いいタイミングで買い、いい会社である限りそれを持ち続けること。これに尽きます。

最終話

株式投資は楽しいですか？

「今、ＡＩの発展で、データセンターの需要が急増しています。私たちも、自らデータセンターへの投資に乗り出すことで、その後の大きなビジネスを摑むことができるはずです。そのために、大手不動産会社である東進建物さんと手を組みましょう」

今回の役員へのプレゼンはさすがに緊張した。

あれから俺は株式投資にどっぷりハマった。

会社を見ることが楽しくなり、あれもこれもと見ていると、今元気のある業界、優れた会社のビジネスモデル、そして経営者や従業員の事業にかける思いが身に沁みて感じられた。

そうしているうちに、自分の仕事でも使えそうな知識が増えてきた。それを会社の中で話していると、いつの間にか人事の耳に入り、半年前に経営企画部への異動が告げられた。

経営企画部というと、会社の中でも出世コースの人間が集まるところであり、同僚のレベルが高い。しかし、その中で俺は投資で知った知識を駆使することで、議論をリードできるようになっていた。その一つの「ヤマ」が、今日のプレゼンだったわけだ。

肝心の株式投資はというと、すこぶる順調だ。

味満堂は独自の粒子研究が元になった半導体部材の量産化に成功し、業績は急拡大。不祥事が嘘だったかのように称賛記事が並び、株価は1年前の3倍に上昇した。他に買った企業も、業績の拡大に伴って株価が伸びてきた。

ただ、やっていることと言えば、業績を確認するくらい。以前のようにトイレにこもることもほぼなくなった。あとは、会社を信じて待つことだけだ。

「先輩、最近お腹の調子良いみたいっすね」

斉藤は部署が変わっても、相変わらずからかいながら声をかけてくる。

「ところで、今おすすめの銘柄ってありますか？」

最初投資を勧めてきたのは斉藤だったが、今では俺が教える立場になっている。それはそうだ。インデックスを持ってるだけより、俺の方が儲かってるんだから。

「おいおい、自分で考えろって言ってるだろ。サボろうとするな」

これも、あかりさんの受け売りだ。しかしそれだけ、診療所でのやり取りは自分にとっての宝になりつつある。

診療所か。そう言えば、まだお代を払っていなかったな。久しぶりに顔を出しておこう。そろそろ再開してる頃だろうし。

「だから、自分で考えろってんだろ」

「おぎゃー！　おぎゃー！」

扉を開けるなり、あかりさんの声が聞こえてきた。そして、赤ん坊の泣き声。患者と思われる人が、逃げるように診療所を出ていく。

「あかりさん、相変わらずですね」

「なんだ、波野か。保育園落ちたんだよ。ここで面倒見るしかないだろ」

「診療所なのか、保育園なのかわからないですね」

赤ん坊を抱えながら、万賀も奥から顔を出す。いや、今はどちらの名前も「万賀」か。

二人の間には子どもがいて、味満堂の事件の時は実は妊娠8か月だった。出産を経て、ようやく診療所を再開できたというわけだ。

「で、何しに来たんだよ。もううちには用はないんじゃないか」

「おかげさまで利益が出たので、お代を払おうと思って」

「何だ、そんなことか。いらねぇよ。売ってないから、まだ含み益だろ？」

「そう言わずに受け取ってくださいよ」

「いらねぇって言ってるだろ。その代わりに質問に答えろ」

「何ですか？」

「株式投資は楽しいか？」

診療所からの帰り道。井の頭公園の桜は満開で、大勢の人たちが花見を楽しんでいた。この桜も昔誰かが植えたからこそ、今こうして咲き誇っているんだ。株式投資っていうのも、桜を育てるのと似たようなものかもしれない。頭に落ちてきた一枚の花びらを摑み、息を吹きかけ、風に舞わせた。

あとがき

「個人投資家の悩みや疑問に応える本を制作してみませんか？」

この本の編集者である斉藤さんにはじめてお声がけいただいたのが、２０２４年2月のこと。その提案に、私はすぐに飛び乗りました。

私はYouTubeで長期投資や企業分析に関する動画を発信しながら、長期投資家として成長を目指す個人投資家のコミュニティを運営していました。２０２３年からは「全国行脚」と称し、投資家の皆さんと直接お話しする活動を続けていました。

そこで感じていたのは、多くの個人投資家が孤独に悩みを抱えていることでした。しかし、彼らが相談できる相手もなかなかいません。私が全国行脚の場で「ご自身の経験や悩みをお互いに話してください」と言うと、皆さん堰《せき》を切ったように話しはじめました。時には、私が制止しても全く話がやまないほどでした。

こんなに多くの悩みを抱えているのに、それに応える投資のコンテンツはなかなかない。どうにかしてその悩みに応えられないだろうか——私はそんなことを考える時間が長くなっていました。

直接質問に応えるような形で本を出すことも考えたのですが、適切に答えることは容易ではありません。なぜなら、相談する人によって背景が全く異なるからです。年齢や収入、資産額などの外形的なものはともかく、より重要なのはその人の性格や考え方などの内面的なものです。これらが影響するので、すべての人に適用できる答えはなかなかないのです。

重要なのは、相談者の背景となるストーリー。そう考えていると、一緒に車に乗っていた斉藤さんから意外な一言が発せられました。

「栫井さん、漫画って好きですか？」

その言葉に、私はビビっと来ました。なぜなら、昔から漫画は私にとって「心の友」と言ってよいほど好きだったからです。子どもの時は『SLAM DUNK』や『魔法陣グルグル』が大好きで何度も繰り返し読んでいましたし、成人してからも毎週月曜日にジャンプが発売されるのを楽しみに待っていました。

特に好きだったのが、ジャンプに連載されていた篠原健太先生の『SKET DANCE』です。物語の舞台は開盟学園という高校で、「スケット団」という何でも屋の部活動の3人が生徒たちのトラブルや悩みを解決していくストーリーです。

もしかしたら、投資の悩みもこんな感じで面白く解決できるかもしれない。それが「ひばり投資診療所」のスタートでした。

こんな感じの始まりだったので、本当は漫画としてこの本を制作したかったのです。しかし、費用がかかるということで一旦断念しました。でもそれならば、漫画の原作のつもりで小説を書いたらどうかと思い直し、結果として今回の形に落ち着いたのです。

もしこの本がそれなりに売れれば、予算の都合がついていよいよ漫画化できるかもしれません。もしこの本が良いと思ったら、ぜひ周囲の方々に勧めてください。私はまだまだ漫画化を諦めていません！

話が逸れました。最後に投資に関して一言。

投資で成功するのに、唯一の方法はありません。そもそも、成功の定義すら人それぞれです。したがって、「あなたなりのやり方、あなたなりの成功」を見つけられればそれが一番なのです。

その一つの方法として、私は長期投資を勧めています。この方法は、要するに「良い会社に投資しましょう」というもので、難しく考える必要はありません。株価にも惑わされず、最後は自分が気に入った企業を数社見つけ出せればそれで十分なのです。

波野は、様々な失敗を乗り越えて味満堂にたどり着きました。あなたもぜひ、あなたにとっての味満堂にたどり着くことを目指してはいかがでしょうか。それを見つけられることが、あなたにとっての「成功」の道しるべになるでしょう。

この本を制作するにあたって、様々な提案をくださった斉藤さん、普段から様々な視点をもたらしてくれるつばめ投資顧問のメンバーや会員の皆様、YouTube の視聴者の皆様、そして私の仕事を支えてくれる妻と子どもたち。本当にありがとうございました。皆さんに感謝し、筆をおきたいと思います。

参考文献

ケインズ、間宮陽介訳
『雇用、利子および貨幣の一般理論（上）』
岩波書店、2008年

ピーター・リンチ、ジョン・ロスチャイルド、三原淳雄訳、土屋安衛訳
『新版 ピーター・リンチの株で勝つ アマの知恵でプロを出し抜け』
ダイヤモンド社、2001年

ジャネット・ロウ、平野誠一訳
『ウォーレン・バフェット自分を信じるものが勝つ
世界最高の投資家の原則』
ダイヤモンド社、1999年

大手町のランダムウォーカー
『会計クイズを解くだけで財務3表がわかる
世界一楽しい決算書の読み方』
KADOKAWA、2020年

椨井駿介
『1社15分で本質をつかむ プロの企業分析』
クロスメディア・パブリッシング、2023年

チャールズ・エリス、鹿毛雄二訳、鹿毛房子訳
『敗者のゲーム〔原著第8版〕』
日本経済新聞出版、2022年

バートン・マルキール、井手正介訳
『ウォール街のランダム・ウォーカー 株式投資の不滅の真理』
日本経済新聞社、2019年

ジェームズ・オラフリン、井田京子訳、長尾慎太郎監修
『バフェットの経営術
バークシャー・ハサウェイを率いた男は投資家ではなかった』
パンローリング、2013年

ニック・マジューリ、児島修訳
『JUST KEEP BUYING
自動的に富が増え続ける「お金」と「時間」の法則』
ダイヤモンド社、2023年

［著者］
椛井駿介（かこい・しゅんすけ）
つばめ投資顧問代表 長期投資YouTuber
1986年鹿児島県生まれ。県立鶴丸高校、東京大学経済学部卒業、豪BOND大学MBA修了。大手証券会社に勤務した後、2016年、つばめ投資顧問設立。現在は800名超の個人投資家に、堅実かつ実践的な長期投資のアドバイスを行っている。YouTuberとしても活動し、登録者は15万人。ひとりでも多くの人に長期投資のよさを広め、実践してもらうことを夢見て発信を続けている。著書に『年率10%を達成する！ プロの「株」勉強法』『1社15分で本質をつかむ プロの企業分析』（ともに、クロスメディア・パブリッシング）、共著として『株式VS.不動産 投資するならどっち?』（筑摩書房）がある。

買った株が急落してます！売った方がいいですか？
——株で利益を出す人の考え方

2025年3月11日　第1刷発行
2025年3月27日　第2刷発行

著　者——椛井駿介
発行所——ダイヤモンド社
〒150-8409　東京都渋谷区神宮前6-12-17
https://www.diamond.co.jp/
電話／03･5778･7233（編集）　03･5778･7240（販売）

ブックデザイン—小口翔平＋村上佑佳＋神田つぐみ（tobufune）
装画————丹地陽子
本文DTP——キャップス
校正————鷗来堂
製作進行——ダイヤモンド・グラフィック社
印刷／製本—勇進印刷
編集担当——斉藤俊太朗

ISBN 978-4-478-12048-4

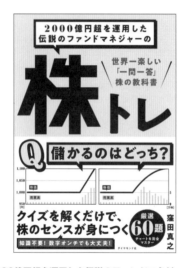

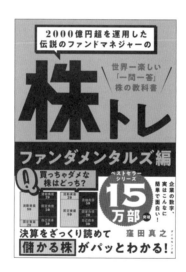